抱疾遊高峰

聖嚴法師◎著

自序

此書是我的第十二冊遊記和傳記，是在西元一九九九年元月至二〇〇〇年十月之間發生的事。

從一九九八年九月下旬開始，我的健康狀況讓好幾位醫師擔憂，囑我宜多休養、多打坐、少操勞、少奔波，最好不用中西藥物，注意飲食營養要跟體質相應。結果藥物是斷了，飲食無從改變，工作則更加忙碌。到一九九九年春節前後，又為治療牙病，誤傷了舌頭，疼痛發炎三個星期，而且忙得不可開交，造成我的健康情況一路下滑。

在此期間，曾有一度衰弱得不能起床，既定的各種日程又不能取消。也就因為如此，直到我由臺北、新加坡、柏林，一路抱病弘法，返抵紐約，才有了一段比較清閒的日子，喘了一口氣，好好地連續造訪了幾個醫院，看了好幾位醫生，做了各項器官功能及血液便尿的詳細複查。

在紐約住到七月上旬，又回到了臺灣，九月下旬遇到了百年一見的九二一大地震，再度把我忙出病來。十月返抵紐約身體好轉了一些，十二月底竟又被流行的重感冒撞上，帶病飛回臺北，糾纏了一個多月，雖然好了，體力則始終未曾復元。

這段日子中，在臺灣的許多活動，社會層次之高，新聞媒體曝光率之密且廣是前所未有的，但也都是在我衰老抱病中走過來的。直至四月中旬來了紐約，還被鮮紅的左眼角膜出血拖累半個多月。

回顧這一年多，我跟中央研究院院長李遠哲先生，公開暢談兩場；我與高科技、教育、文化、演藝界的頂尖人士，舉行多場大型的對談、鼎談、座談；我被列為國際級及國家層次的邀請對象之一，進入臺灣大學、政治大學、交通大學、清華大學，擔任演講人及授課人。一九九九年春，繼我獲頒第一屆國家公益獎之後，我們法鼓山第一次主辦代表全國榮譽的「傑出平安貢獻獎」，全體受獎人及受獎團體代表，均由我陪同，獲得李前總統登輝先生在總統府隆重接見嘉勉；是年秋，法鼓山正式宣布了「心五四運動」的全面推展。九二一大地震之後，立即發起了全國響應的「台灣，加油」人心重建運動；國家元首在九二一大地震罹難者追悼大會上，也引用了我說罹難者「都是老師」、「都是菩薩」的一段話。二〇〇〇年三月二十日，第十任總統陳水扁先生在當選後的第二天，便到農禪寺看我。各政黨的高層人士及演藝界名人，來請教佛法及參與禪修；五月六日至六月二十四日，首創先例在紐約象岡道場主持四十九日默照禪期。八月十七日接受凌陽科技施炳煌、吳宜燁夫婦兩億元股票的公開捐贈。八月二十八至三十一日應邀出席聯合國世界宗教及精神領袖高峰會議，發表演說，備受尊重。

病中國際遊化，則有第二次訪問新加坡，第一回前往德國柏林，在氣力不濟的狀況下，指導禪七；第四次到英國，初次應邀在英國禪修重鎮蓋亞之家（Gaia House）主持禪七，並且訪問英國北方山上的畫眉鳥洞佛教修道院（Throssel Hole Buddhist Abbey），使那兒的純西方僧眾有認祖歸宗的感受，這些忙碌的行程，同樣是在搖搖晃晃之中走過來的。

本書命名「抱疾遊高峰」，乃因這一陣子，算是我歷年來衰老病弱的頂點；接觸高層人物的機會之多，參與場面，往往就是標明為高峰（summit），都是我生平的首遇；多場暢談及演講，被視為具有國家層級乃至國際水準。在這期間，我有三本英文著述被美國香巴拉、雙日、牛津等三家名出版公司接受出版；增訂的《法鼓全集》共七十冊面世；林其賢編著的《聖嚴法師七十年譜》鉅著成書出版；施叔青為我撰寫的傳記《枯木開花》成為市面的暢銷書；到了十月底，又知道我得到行政院文建會頒發的「國家文化獎」，是對文化工作有傑出及終身貢獻者的肯定。類似的許多事件，都破了我生命史的紀錄。

曾有一位傑出的登山家，於聖母峰歷劫歸來後告訴朋友們說：「高峰絕無坦途。」我以老病之身，活到七十一歲，才經歷到人生的高峰，旁觀者可能覺得風光，而我自己，雖非攀登極峰與死神賭命可比，由於體力不濟、學問淺薄、德養未充、業障太重，所以一路顛顛沛沛。博得這些榮譽，對於佛法的普及當然有用，於我個人的幻軀來說，無非是虛名而已！

本書的成稿，要謝謝吳昕儀、林孟穎、林美惠及姚世莊等人先後助我錄稿及謄清。

二〇〇〇年十一月七日聖嚴寫於紐約東初禪寺

目錄

一、演講會與高峰座談

在美國連續主持了話頭和默照兩個禪七之後，於一九九九年元月四日回到了臺灣。

在以往每次禪七中，由於禪眾們程度不同，所以數息、隨息、話頭、默照配合著因人而異的指導，直到去（一九九八）年的十一、十二月，才有機會把禪七的內容精緻化，每一個禪七統一集中在同一類的方法上。

打完禪七，我已經相當疲累，啟程返回臺北，接著又是密集的活動，不禁感到累上加累。這時我發現我年齡愈老，身體愈衰，老病交侵中的工作量反而愈重。除了我們自己團體的許多活動及人事需要我思考處理，另外許多慕名而來的各界人士也絡繹不絕，其中包括政治、學術、文化、宗教各層面的人物，以及國內外的工商界人士。當然我有這些機會把佛法奉獻給他們，對於這個社會一定有正面的影響，所以也相當樂意為此而忙碌。

在這趟回臺灣的三個多月之間，參加了幾次高水準的演講會和座談會：

（一）一月九日應邀於臺北市誠品書店敦南店演講「知識分子與宗教關懷」。

這是由行政院文建會、《聯合報》以及立緒文化主辦的系列演講，每月一場，每場都是邀請頂尖的專家學者，包括有：李亦園、楊國樞、沈君山、蕭新煌、何懷碩、高希均、蔣勳、南方朔等著名人士。系列主題是「台灣社會的人文之美——知識分子的社會參與」。我是唯一被邀請的宗教界學者代表，純以宗教學術的立場，探討知識分子如何來關懷宗教。

我並不期待所有的知識分子必須要信仰某種特定的宗教，但我主張知識分子至少應該用心來認識宗教、關懷宗教，給予宗教正面的鼓勵和肯定，也需要監督宗教信仰衍生出來的種種負面影響，予以疏導及糾正。今日的社會由於知識分子對宗教認識不清，關懷太少，使得一般大眾若不是趨向於宗教的沉迷氾濫，便是抱持否定排斥，形成兩種極端現象。我的演講不僅造成會場聽眾爆滿和現場熱烈反應，當講稿在《聯合報》副刊分作三天全文刊出之後，也獲得了許多讀者來信讚歎！

（二）三月一日應邀在臺北市《中國時報》廣場，參加「新世紀科技與人文高峰會談」。這是由行政院文建會、《中國時報》、宏碁基金會共同主辦，臺灣電視公司協辦。受邀的學者和專家，除了我以外，尚有中央研究院院長李遠哲、宏碁企業董事長施振榮以及臺南藝術學院院長漢寶德，就人文與科技的問題，進行新世紀的對話。這是從一年多前，由《天下》雜誌主辦的一場「飛越二〇〇〇年」座談會之後，在臺灣算是再一次最高層次的科技與人文對談。而這兩場座談，我都有幸受到邀請，不僅是我個人的榮譽，也是整個宗教文化界的大事。

這次的座談，分別以「各領風騷一百年」、「各擅勝場不相讓」、「科技與人文握手」三個議題進行對談。我在這場座談會中指出：在今日歐美科技發達的國家，都不會否認宗教的存在與需要，而身為宗教徒者，必須從人與自己、人與人、人與自然到人與宇宙的關係思考，才能觸及到宗教的本質。凡是人類的文化都叫作人文，科技也是人文的一部分，因此人文和科技是一體的兩面，如果科學少了人文的指導，就會帶來毀滅的危機，因此，全世界的人類都有責任，共同避免人文與科技對立的風氣。

雖然那天上午，我還在榮民總醫院檢查身體，接受治療，感覺到非常虛弱，也沒來得及預先寫好講稿，但是在會場中並沒有人看出我有病容，透過臺灣電視公司的現場實況轉播，反應相當良好。第二天《中國時報》以大篇幅翔實報導，引起

新世紀科技與人文高峰會談。由左至右分別為施振榮、李遠哲、作者、漢寶德。

前任教育部長、中央研究院院士吳京博士撰文呼應，它的效果應該是普遍而深遠的。

（三）三月二十六、二十七、二十八日三天晚上，於臺北市國父紀念館舉辦「平安開講——聖嚴法師與當代名人對談」系列活動。這是法鼓山主辦，由我分別和不同領域的名人學者公開對談：如何使得我們的社會平安？原先計畫這三個晚上由我個人做三場專題演講，因為我的健康發生了問題，弟子們不希望我太辛苦，而用「祈福法會」和「名人對談」來減輕我的負擔。這是延續著去年的模式：上半場是平安祈福法會，下半場是弘法演講，將「祈福法會」和「平安開講」分時段進行。大家以為這樣做，可以讓我節省很多體力，因為每場對談至少有三個人以上的互動問答，除了我及貴賓之外，還邀請了中華電視公司資深新聞主播陳月卿女士，由她串場發問，掌控現場的主題方向和營造氣氛，我只有被問到時才需要發言，應該要比我單獨演講輕鬆多了。

其實不盡然，因為每場同台對談的都是名家，台下的觀眾將近三千人，我也必須從頭至尾全神貫注，隨時準備做恰到好處的反應，並提出我必須發表的觀點。尤其每場談論的主題，雖然早已訂妥，而主持人提出的問題，幾乎都出乎事先的安排，都是一些具有新聞性的社會問題，因為這些都是社會大眾所關切的，也是媒體記者最有興趣報導的。而這就是新聞專業節目主持人的特長。我和來賓們也都十分認同，因為這樣的方式，很容易為廣大的群眾所關心和接受，而這豈不正是我們的目的呢？

第一天晚上的特別來賓是現任臺北市市長馬英九博士，談論的主題是「心靈環保對跨世紀社會安定之影響」。第二天晚上的特別來賓是現任青年救國團主任李鍾桂博士，主題是「新世代青少年如何安身、安心、安家、安業」。第三天晚上有兩位貴賓，李亦園教授及楊國樞教授，都是中央研究院院士。前者同時也是蔣經國

平安開講，作者與臺北市長馬英九對談。

基金會執行長，後者並擔任中央研究院副院長。談論的主題是「現代人如何在世紀交替下安身立命」。這三場座談會各有特色，前兩場因為談的是社會及青少年當前的現實問題，也都是一般大眾的切身問題，所以場面非常輕鬆有趣。第三場談論的主題比較深刻和嚴肅，都是從現實的層面切入，探討思想和理念的開拓與實踐，我也再度提出：社會大眾，無論是誰都應該要有宗教的修養，一個健康的宗教，必須把人從個體到達整體，超越於個體和整體，才是自由自在的大智者、大仁者。

我是這樣說的：「人必須先跟自己的內心和諧相處，然後跟環境裡面的人和諧相處；進一步跟大自然和諧相處；再進一步以宇宙為自我，萬物與我同根，天地與我同體；最後必須超越個人的小我和宇宙的大我，那才是絕對的自在。所謂賢人和聖人的境界，也不是一般人做不到的。」我提出只要能一念清淨、一念超越，就能在一念之間體驗到聖賢的心境，人人都可以試著體驗。如果大家願意體驗，常常體驗，那就是我們提倡的「人間淨土」的實現，也就是大家所祈求的社會平安，就並不是一個空洞的信仰和理想。

對談之後，楊國樞教授連聲地對我說：「法師的高論之中提出的大架構非常好。」我們的座談會在中華電視台全程播出，李亦園教授的許多朋友們希望把座談的內容當成社會教育的輔助教材，而索取現場的錄影帶。我也交代了法鼓文化，計畫將這三天的對談內容，整理成為文字，與社會大眾分享。

其實近三年來，我在中國電視公司開闢了一個節目叫作《不一樣的聲音》，每集三十分鐘，每週播出一次，已有一百數十集，每場也都是邀請一、兩位名人和我對談，採取的方式就是根據一個主題，由一位主持人穿插主導。談論的內容涉及的專業範圍領域相當廣泛，而且都圍繞著淨化社會人心的原則，由我站在佛法的立場提出因應之道；每次也都邀請和主題相關的專家學者，在專業層面由他們提出專業的看法。從精神層面，大家都希望聽聽我的意見；從技術層面，我也希望聽聽專家學者們的看法。所以從節目開播以來，使我學習到很多，從收視率的調查可以知道觀眾的反應，這節目很受歡迎。

像這樣的方式，往往可以聽到許多非佛教徒的專家學者們，提出對於佛教的看法和認知，也有機會讓他們發現，佛教並不迷信，而且和他們每種領域的想法和看法，都是可以呼應的。有一次一位基督徒女士在我們的節目中，認為她的想法一定和我不一樣，結果我給她的回饋，讓她相當驚奇。接著我告訴她：「真理只有層次的不同，沒有本質的差異，否則就不是能讓全人類共同接受的道理了。」佛法不會否定任何一個層次的善，而其高明處，就是不會執著任何一個層次的善，而認為那一定是最好的，這就是佛法的智慧。

二、受獎和頒獎

近十年來，法鼓山團體所得的各種獎項不算之外，就我個人而言，平均每年就會有一次獲得獎勵的榮譽，而且是全國性的。好多次得獎都有機會受邀被總統李登輝先生接見。像我這樣的人，有獎勵和無獎勵都是相同的。對於國家、社會、教育、文化方面的一點點奉獻，我總覺得微不足道，竟然也能得獎，既覺得頒獎單位的用心可佩，也覺得貢獻很少而感到慚愧。

今（一九九九）年一月二十一日我獲得了第一屆國家公益獎。這是由全國不同的職業領域中，推薦出一百四十六位候選人，然後再挑選出十二位得獎人。主辦單位是中華民國公益團體服務協會，以選拔德業兼備、公益典範的人士為宗旨。受獎人除了必須在自己的本行本業有傑出的成就之外，並且要對社會國家公益事業有重大貢獻。在入選的十二人之中，我是被評審為第二位最有貢獻的受獎人。第一位是以提倡戒菸運動著稱的董氏基金會創辦人嚴道先生。既感到慚愧又覺得欣喜的是，在這當選的十二人之中多數是佛教徒，而出家人除了我之外還有淨耀法師。另外十人之中有兩位是我的弟子：名建築師白省三，以及企業家吳俊億。我和年輕的晚輩一起得獎，當然不好意思，而我的晚輩也能得獎，我當然十分高興。因為這樣的緣故，我已經發願從此不再接受任何獎項，希望能將榮譽及機會留給其他的人，對明日的社會會更好。

這次的得獎並非出於我的意願，而是為了因應弟子們的要求。由於今年是法鼓山祝福平安年，我們準備主辦一項全國性的平安貢獻獎活動。為了使法鼓山具有公信力和分量感，同時也希望學取頒獎的運作過程，吸取先進經驗，法鼓山基金會辦公室，便說服了我，把應徵的資料送了出去。

在各個評審階段，已約略知道我是會得獎的。因為我的任何一項奉獻，都跟法鼓山全體大眾的努力息息相關，我的得獎，等於是法鼓山這個團體內的僧俗四眾共同的光榮，於是我便接受了這個獎項。頒獎典禮是在國家圖書館的國際會議廳，由行政院長蕭萬長先生頒授，然後接受李登輝總統及連戰副總統的分別召見。

至於法鼓山頒發的「社會平安——十大傑出平安貢獻獎」，從提案開始，到頒獎典禮為止，前後只有半年多的時間，這也是一項非常繁複重大的工程，我們的辦公室，動用了不少人力和相關的社會資源。被索取的報名單，一共有數千份之多，由於看到我們高標準的得獎資格，和得獎條件的說明，大多數都沒有提供資料送審，因此到收件的截止日為止，僅有九十多件。經過初審、複審、決審，逐次的過濾，最後以投票方式，選出四位個人和六個團體為得獎人。

初審委員是法鼓山內部的人，把每一件案子仔細地看過，不眠不休地連續工作好多天。複審邀請到行政院副院長劉兆玄博士擔任主任委員，聘請社會賢達、學者專家為審查委員。最後的決審是邀請總統府資政吳伯雄先生擔任主任委員，政府首長、著名企業經營者、學者專家以及各宗教領袖為評審委員，除了委員人選的考慮相當審慎，並且派出專人個別訪問入圍得獎的人選，做成詳細的紀錄，提供決審委員們參考，同時也洽請行政院法務部，協助了解入圍者的背景是否清白，以防萬一其中有人有案在身，而被媒體報導，這個獎項就會黯然失色了。

這次法鼓山舉辦的平安貢獻獎，有一個沒有形諸文字的原則，那就是各次審查的評審委員們，不考慮把獎項頒發給各級官員、政府機構、企業財團。之所以有這個原則，並不是因為他們沒有貢獻，而是考慮到更需要鼓勵民間個人或團體。因此有一位候選人，雖然大眾公認他對社會平安的貢獻很大，從初審、複審到決審，他

行政院長蕭萬長、總統府資政吳伯雄、作者與平安貢獻獎全體得獎人合影。

的名字都入了圍，只因他是現任的監察委員，在決審會上全體委員爭執不下，最後以投票方式表決，而以一票之差落選了。

這次的得獎者所得到的獎勵一共有下列五項：

（一）獎金新臺幣二十萬元。

（二）價值新臺幣二十萬元的藝術銅雕獎座乙座。

（三）由行政院長蕭萬長先生頒獎。

（四）總統李登輝先生接見並個別合照留念。

（五）《中央日報》專案專題個別報導得獎者的事蹟。

獎金一共是兩百萬元，由二十位法鼓山的信眾認捐奉獻。重達六公斤的獎座，是由政戰學校的林木川教授夫婦免費設計，也由他們捐款請人製作。頒獎的場地是由圓山飯店總經理嚴長壽先生免費提供。臺灣電視公司對頒獎典禮做了全程實況轉播，至於其他的各項費用也都有人分擔。其中有一個得獎團體嘉邑行善團，把二十萬元獎金捐回給了法鼓大學。

像我們這樣一個成立僅僅十年的團體，而能主辦全國性的平安大獎，對我來說是覺得還不夠資格的。所以我在頒獎典禮上的致詞時表示：我們是以感恩感謝的心，對社會有貢獻的人，致上誠懇的敬意，因為多年以來，我們向許多的團體和個人，學習到了很多，所以相信也有許多人，因他們而受益得利，僅代表全國受益者感謝他們，同時也以這十個得獎者做為代表，讓我們對於所有為這個社會帶來平安的每一個人和每一個團體，獻上最高的謝意。由於我們是以這樣的心態，來主辦這個平安貢獻獎，賦予社會教育的功能，故在會後，有不少人向我致意，表示十分感謝我們，以感恩的心來主辦這項活動。

三、學術會議

——人的素質與電子佛典

這次在臺灣的三個半月之間，法鼓山體系在佛教文化以及淨化社會、提昇人品的目標下，另外還協辦及主辦了兩項學術會議。

（一）一月十八日到二十一日之間，以中華佛學研究所的人力、物力，支持「中華電子佛典協會」（英文簡稱CBETA）參加和協辦國際電子資訊聯合會議。主辦單位是中央研究院和教育部，會場是在中央研究院。與會團體有五個，除了中華電子佛典協會之外，其他四個是：1.電子佛典推進協議會（EBTI），2.太平洋鄰里協會（PNC），3.文化製圖協會（ECAI），4.學者電子資源協會（SEER）。與會者來自全球十六個國家，近三百位專家，進行了三天的分組討論。

這是現今國際間最尖端的電腦資訊領域，我雖然對此一竅不通，可是由我們中華佛學研究所支持成立的中華電子佛典協會，在該會會長惠敏法師領導下，雖然僅僅只有一年多的時間，由於聘請的專家以及工作人員，掌握到豐富的經驗和資訊資源，所以成果的數量和品質都相當驚人。從去（一九九八）年二月以來，已經完成了六大冊《大正藏》的電子化；預計在今（一九九九）年底，將完成二十三冊；整部的五十五大冊《大正藏》，預計在五年內（至二〇〇二年）竣工。

這使得臺灣佛典電子化在國際上一鳴驚人，受到廣泛的重視和讚歎。其實最早推動佛典電子化的人，是美國加州柏克萊大學佛學專家路易士・蘭卡斯特（Lewis Lancaster）教授，他在世界各地奔走了十多年，中國大陸、韓國、日本以及美國也有很多單位在推展這項工作。臺灣的佛光山也進行了一段時日，而我們之所以能夠後來居上，是有很多因緣促成的：臺灣大學佛學研究中心的恆清法師，多年來已經把臺灣許多有關於佛學的研究成果和訊息，輸入了電腦網路，他也有心要把《大藏經》電子化，只是有感於個人的力量受到限制，所以向惠敏法師建議，由中華佛學研究所來接手承辦。美國佛教會的沈家楨先生，三年前就已經向我提起這樣的計畫，我當然有心要做，只是在等待因緣。所以當惠敏法師將此建議案提出時，我立即同意全力支持，因此成立了中華電子佛典協會，主要經費是由印順基金會提供，人力資源和協會的場所由中華佛學研究所支援，同時聘請惠敏法師為該會的負責人。

我在這項聯合會議的開幕典禮致詞中表示：華文《大藏經》的電子化工作，在臺灣海峽兩岸已有一些團體進行了多年，但是力量相當分散，雖然有一些成果，但並不顯著，我們中華佛學研究所，在去年成立了網路資源室，從國內外邀聘到極其優秀的佛典電子化的人才，在軟體及硬體上全力配合，《大藏經》電子化的進度相當快速，品質也相當優良。

這次的國際電子資訊聯合會議，我們雖然是協辦身分，但是經費的贊助以及義工人員的配合上，使得主辦單位中央研究院和教育部印象良深。法鼓山的體系內，動員了場地組、環保組、景觀組、香積組共超過七十位優秀義工，由於穿著法鼓山義工制服，在會議期中，處處時時都給人整齊、禮貌、開朗、熱忱的印象，這些義工群，把法鼓山的精神帶進了中央研究院，使那些與會的學者專家，讚不絕口。

（二）三月二十九日至三十一日，三天之間，法鼓大學籌備處借國家圖書館的大會議廳，舉辦一項「人文關懷與社會實踐」學術會議，重點是討論「人的素質」。其原因有二：一是為了配合法鼓大學人文與社會的辦學方針及理念，二是推廣法鼓山「提昇人的品質，建設人間淨土」的理念。這兩者的目標是一致的：要建設人間淨土，必須提昇人的品質；為了關懷社會，必須注重人文素質的提昇。

這項學術會議是由法鼓大學的曾濟群校長策畫主導，由我擔任籌備委員會的主任委員，聘請李亦園、楊國樞、胡佛、喬健等中央研究院的院士們為籌備委員。進行了多次的討論，決定了主題和希望達成的目標，以及選擇與會學者，確定發表論文者的標準和方向。原則上以海峽兩岸三地，各大學之中，擔任人文社會研究教育，而有傑出成果的學者專家，為邀請對象。曾校長特別為了這項會議，去了中國大陸兩次。根據以往所辦的幾次國際學術會議經驗，邀請大陸學者與會，有兩項困難必須突破：

1.凡是在臺灣召開的會議，不能加上「國際」二字，否則邀請的學者，縱然已提出書面論文，也不可能成行。

2.邀請大陸學者，總會被限制在少數關係人之間，也就是如果跟某一個學術機構或個人接觸，所能邀請到的學者，大概就是屬於那個機構或個人系統範圍內的人員，這雖是正常的現象，如此一來，卻無法從全國性的眾多人才中篩選了。

為了避免這兩種狀況發生，便決定：1.不邀請外國學者。2.由曾校長向中國大陸以及香港各大學，直接發出邀請函，除了少數幾位我們非常希望邀請到的學者，須親自當面邀約之外，便向各大學發出甄選函件，僅提出參與者應具備的資格及條件，而不指定學者姓名。

如此一來，收到的應徵資料，出乎意料的多，水準也都很高，包括老中青三代，都是全國各大學中的佼佼者。邀請國內學者與會也是採用同樣的方法和標準。所以這次的會議，在臺灣來說，應該是屬於非常成功而具有高水準的學術活動。這次的學術會議，大陸學者來了十九位，香港一位，臺灣發表論文的有十一位。

會議中最大的特色和引人注目的是，北京大學前任副校長、人文學泰斗、現年八十八高齡的季羨林博士，在開幕典禮上做了一場主題演說。另外一位是現任北京圖書館館長、高齡八十一歲的任繼愈教授，也主持了一場主題演說。這兩位學者都是中國現代史上人文學的頂尖人物，已被尊為國寶。以如此的高齡，為了健康的理由，通常不會讓他們遠行，他們居然能來，對我們來說，是感到非常意外的。

季先生是德國哥廷根大學（University of Goettingen）哲學博士，原先專攻西洋文學，後主攻印度梵文，他精通東西方八種語文，回國後擔任北大東方語文學系的主任，在胡適先生擔任北大校長期間，季先生已是備受尊崇的年輕學者。至於任先生，他是中國哲學史的權威，尤其對於中國佛教思想史的研究，有其獨到成就，

作者（左）與任繼愈教授（中）、季羨林教授（右）在「人文關懷與社會實踐」會議合影。

原先是中國社會科學院研究中國佛教的龍頭，他所帶領的一批佛教學者，站在社會主義唯物史觀的立場，對佛教做了相當嚴厲的批判。我在早年就讀過他的著作，對於他的論點，有一些不以為然，對於他的功力，則相當佩服。後來我去大陸曾和他接觸，聽他的言論及對我表現的親切態度，使我進一步改變了對他的印象和看法，現在的他已不是文革時代的戰將，而是中國讀書人中的敦厚長者。

至於他們兩位能來到臺灣的肇因有異有同。所謂異，就是季先生和我，初識於一九九一年四月十三日，我由冉雲華教授等陪同訪問北京，也經由冉教授的關係，邀宴到大陸研究佛教的學者菁英十多位，其中的祭酒就是已經八十高齡的季先生。當時見面的場所是選在北京頤和園的「聽鸝館」餐廳。在這之前，我聽說他有許多著作在大陸尚未出版，因此向他徵詢，是否願意挑選一本代表性的著作，讓我們臺灣的東初出版社（法鼓文化前身）為他出版發行。他答應考慮，沒有多久，我們就收到了一包原稿，那就是一九九五年四月出版的《季羨林佛教學術論文集》，包括十四篇各自獨立的文章，其中有討論佛典語文的問題，主要是梵文漢譯和梵文佛典的研究以及語音研究，都是非常專門而精深的研究，在年輕一輩的中國人之中，沒有第二人可以和他相比。雖然這樣專門的著作，看的人不會太多，我們能出版這樣有分量的學術著作，則覺得相當光榮。

這本書已經列入「中華佛學研究所論叢」的第四冊。在自序中，他相當讚歎臺灣佛教界的教育和研究環境，並且把臺灣和中國大陸相提並論。他說：「現在我國大陸和臺灣都已培養出來了一批卓有成就的佛教學者。」又說：「我們能夠讀到臺灣同行們的著作了……，獲得了很多新的知識。」又說：「以聖嚴法師為祭酒的佛學研究所，人才濟濟，碩果纍纍，在國際上廣有影響。我們也分得了一份愉快和驕傲。」而那一次的聚會唯獨沒有見到任繼愈先生，相當遺憾。

所謂同者是於去年九月六日及七日，我們中華佛學研究所和北京社會科學院，聯合舉辦了一次學術研討會：「佛教與東方文化」。在會議期中，不論是場內與場外，我和季先生及任先生有多次的接觸和交談，由於法鼓大學也是該次會議的協辦單位，曾濟群校長也隨時陪伴著我，三番兩次向他們探詢，有沒有可能出席在臺灣召開的學術會議？因為他們兩位都聽了我的主題演講「佛教對於東方文化的影響」，深有同感，所以都說，只要健康許可，醫生同意，很希望能來臺灣訪問一次。結果是美夢成真，他們如期成行，生平第一回來到了臺灣。在會議期間及其前後，臺灣的媒體和學術界，都把焦點投注在他們兩位身上，尤其是季羨林博士幾乎常常受到包圍。

這次的學術會議，還有幾位引人注目的學者。那是前任教育部長吳京博士，以科技專家的立場來談人的素質問題，發表主題演說；大陸中國社會科學院前任副院長汝信教授、現任北大副校長郝斌教授、中國人民大學宗教研究所所長方立天教授，都在會中擔任講評人和主持人，提供了許多的高見。這些大陸學者也訪問了法鼓山體系下的農禪寺、中華佛學研究所以及建築中的法鼓山世界佛教教育園區，都留下了深刻的印象。季先生一再告訴我：「法鼓大學落成後的開學典禮，還希望能被邀請前來出席恭賀。」任先生也問我說：「願不願意邀請我來為貴校授課？」

這些學者們，都希望把這次會議中討論的成果，落實到海峽兩岸的大眾社會中，人的素質的提昇，真是當前中華民族共同的需求。所以對於法鼓山推動的人間淨土，都異口同聲表示由衷地讚歎！這正是我們這次學術會議所希望達成的目的，也將持續著這個主題的討論和實踐，普遍地貫徹下去。

四、健康出狀況·累及許多人

我在臺灣，一直忙碌與困累到四月十五日，便飛往新加坡。距離上次一九八二年的初訪該地，已有十七個年頭了。

這次的新加坡之行也差點被取消，因我在臺灣期間，身體的健康和體力每況愈下，去（一九九八）年九月，我在臺北榮民總醫院做定期健康檢查，發現白血球、紅血球、血小板指數偏低很多，而腎臟功能衰退，脾臟肥大，心臟瓣膜擴張，造血功能不良，腸胃雖沒有毛病，但消化吸收功能很差。醫生囑咐要好好小心，認為我吃的中藥太多，身體可能受到影響。本來每次到美國，我都會請陳國光中醫師調理，在體能的恢復上多少有些幫助；以往在臺北期間，我也經常於體力不支時去陳啟茂醫師處打點滴，注射氨基酸。但經由榮總及國泰兩家醫院的幾位醫師會診，判定氨基酸對腎臟功能的傷害很大，因此既不准我吃中藥，也不准我吊點滴。

我的身體一向是瘦弱多病，從來沒有健康過，經過這次的檢查及診斷，終止了中西藥的調補，三個多月以後，回臺灣再度檢查，腎臟、脾臟、心臟都沒有惡化，可是發現紅血球、血小板、白血球的指數繼續下降，我也常常有疲倦的感覺，再加上緊密的日程，逼得我喘不過氣來。

而且，俗語云：「屋漏偏逢連夜雨。」由於一顆右邊的臼齒蛀了一個大洞已經很久了，每逢進食咀嚼都有一些疼痛，所以去一位皈依弟子的牙醫診所治療，醫師建議我抽神經裝牙套。在第二次做根管治療的過程中，不小心消毒液滲漏到舌頭的右下方，當時覺得一陣持續的灼痛，好像把我的舌頭放在火焰上烤燒一樣的難受。醫師並不知道有這種情況，我忍耐到治療完畢，大約十分鐘的時間，人已有點虛脫感，我還以為這是正常現象。醫師也說沒有什麼關係，最多兩天就會好。塗擦了藥回到農禪寺，當晚卻整夜疼痛無法入睡。第二天再去治療，醫師給了一罐類固醇藥膏，據說療效立竿見影。的確，塗上藥大概可以保持一個小時比較不痛，如果閉嘴不講話，也許沒有什麼問題，偏偏我又沒有不開口講話的福報。不論在任何場所，我都是不得不講話的，就連坐在房間內，也會有電話。我的舌頭受傷部分，靠近被磨整鋒利而尚待上套的那顆臼齒邊上，不要說吃飯時會碰到，凡是開口講話，傷口就會被那顆臼齒磨擦，猶如刀割。

那陣子，我的活動相當繁重，正好遇上農曆新年前後，除了演講、錄影、開會、慰訪、接談等，也有禪七待我主持。臺大的醫生建議我用抗生素治舌傷，另外的醫生則持反對意見，認為我的白血球已經很少，如果再用抗生素，對身體非常不利。就這樣拖了兩個星期，無法正常飲食，只能用吸管吸取流質食物，所以營養又受到影響。最後臺大醫院牙科醫師，還是命令我使用抗生素，一星期之後，終於痊癒了。

由於這一番折騰，身體上的其他毛病紛紛出現。本來每晚睡眠四至五小時之間，只要起身小解一次，到了這個階段，晚上小解的次數頻繁到五次之多，而白天每三十分鐘就要上一次廁所。經過超音波及各種腹腔內視鏡檢查的結果，發現攝護腺肥大，膀胱發炎鬆弛無力，有人建議我一勞永逸去做手術切除。據說老年人都會有類似的病症，以現在的科技從事這樣的手術，不需要大驚小怪。可是看到我的驗血報告之後，醫生勸我免了，以免造成流血不止，加上我的免疫系統也不夠強，很容易引發感染的病變，所以還是勸我充分休養，定時吃藥。

一時間，我好像被醫生判了徒刑，從此退休終老，或是放了長假。在我身邊的弟子們，知道我的狀況之後，都勸我暫停出國訪問等比較吃力的弘法活動。因此到了三月下旬，通知新加坡、馬來西亞、德國、英國及墨西哥的相關單位，取消了我預定的行程，臺灣的活動也盡量不讓我參與。同時也搬離忙碌的農禪寺，移往中華佛教文化館，好好靜養。在這期間，我俗家的二哥夫婦也從大陸來臺給我探病，正好有一點空閒，可以早晚相聚。

可是馬來西亞方面已經在吉隆坡租定了一個可以容納三千到五千人的會場，以售票方式將入場券全部售罄，新加坡方面也租定了三千人的會場，所有的文宣、海報、入場券全部發了出去，從總理吳作棟先生夫人，到部長、司長、工商界菁英人士都會出席我的演講會。在德國也租好了場地，收了來自歐洲十多個國家參加禪七者的費用。經過函電傳真往返洽商，馬來西亞方面接受了這個事實，雖然他們知道善後處理問題相當棘手。新加坡方面原則上也為我的健康設想，可是那邊的負責人朱盛華女士，幾乎一天來好幾通電話，都是在哭，一邊問候師父，一邊報告那邊狀況，好像我不去，他們雖可以接受，但幾乎要上吊了。

我的比丘尼弟子果梵師向我請示如何處理，我只有苦笑一下說：「我的生命就是用來報三寶恩的，還有一個地方為了佛法非要我去不可，就是我死了也應該去，希望三寶加被，龍天護持，平安無事，到時能否上飛機，也要看他們的福報如何了。」這樣一來，又使得我臺灣的弟子們哭了。我真覺得業障很重：不去，那邊有人哭；要去了，這邊的人哭！

在德國柏林方面，也不斷地用傳真及電子郵件詢問我健康狀況，同時報告他們所做的決定：那兒的禪七將照樣進行，如果我實在病得無法前去，便請我的英國弟子約翰・克魯克（John Crook）博士代我主持。不過希望最好是我的身體趕快恢復，這樣一來，我既能去新加坡，在回到美國紐約的途中，經過柏林逗留一個禪七，也可以滿他們的心願了。

其實這趟新加坡之行，還有一項不得不去的理由，那是法鼓山護法信眾之中，有一批人在半年前就已組成了「星馬隨師聽經護法團」。這並不是我的意思，而是幾位居士自動發起，由信眾錢文珠經營的榮通旅行社承辦，到三月下旬已經在星馬兩地訂好了旅館及機票，辦好了簽證，收取了團費，如果行程全部取消，旅行社必須退錢，已經付出的人力及費用則無法回收了，雖然錢文珠對我的出家弟子說：「一切以師父的健康為考量，公司的損失，請師父不必擔心。」這也使得我相當感動。但是由於我的健康出狀況，到此時為止，已經累及歐亞美三洲的許多人了，這在過去是從未發生過的。

好在三月底四月初，有人介紹了兩位以非傳統方式治療的醫師，而他們也都是醫學院畢業的正式醫師。第一位連醫師，他用兩種方式來治病，先依眼睛的虹膜判斷我的病情，再用電波磁力來調整我的身體，並用從各種食物中萃取精華給我服食治療，那些看似藥品的丸、片、粉劑，不含有任何傷害人體的化學原料及金屬成分。另外一位唐醫師，是用由德國引進的儀器，以振盪的周波，來調整人體中能量不平衡的部分。榮民總醫院的醫師也給了我一些非常安全的藥物，來幫助我恢復膀胱機能，所以頻尿的現象有很大的改善，睡眠比較安寧，體力也恢復很多。所以當我到達新加坡國際機場，迎接我的當地人士，並沒有看出我有什麼不對勁，加上落腳的旅館相當安靜，到達的前兩天，謝絕訪客，也沒有安排活動，讓我獲得了充分的休息。

五、訪新加坡的因緣

新加坡的土地面積大概跟臺灣的大臺北地區相等，人口三百多萬，比我十七年前去時增加了幾十萬人，目前還在用兩種方式增加他們的人口：一是鼓勵生育，如果有三胎以上，國家會給予相當優厚的福利補助。二是接受臺灣或中國大陸年輕人的技術移民，也就是他們非常歡迎擁有高科技的年輕華人，移民到新加坡成為公民。計畫最高的人口數量是一千萬人，這跟世界其他國家提倡節制生育，並且拒絕外來移民是大不相同的。

該國的政府官員平均年齡都很輕，三十多歲當到司長、部長的很多，五十多歲就要計畫退休，所以政府充滿了青年人的活力及朝氣，辦事效率高，服務態度好，不僅有衝勁，還有高瞻遠矚的危機感。由於新加坡的鄰國都很強大，像印尼、馬來西亞，都是資源豐富，人口眾多。新加坡小國寡民，不得不奮發圖強。現在的政府雖以華人為中心，卻絕口不承認是中國人，跟臺灣和大陸都保持相當密切的關係，包括經濟、政治、軍事的互動互助，但他們自稱是華人而非中國人，當地華人多半是接受以英語為主、華語為副的雙語教育。由於該國曾經是馬來西亞的一部分，所以也有馬來人及印度人，各有他們的語文及宗教。

他們的道路標示，一律使用英文，商店招牌只有舊華埠牛車水一帶才使用中文，所以走在街上，如果不看人的面孔和膚色，感覺像是西方國家一樣。市容整齊乾淨，到處都是綠油油的樹木花草。地方雖小，空間的規畫、居住的環境格局，給人的印象如同歐美地區。十七年前曾看到的原住民住宅區，以及舊華埠的髒亂，現在已經完全改觀，而且不斷跟海水爭地，面對印尼方向的海邊十七年來已增加了幾片人工的陸地，是向印尼輸入了大量的海沙，堆成了一塊又一塊的新生地。

這次我之所以不得不去新加坡，說來話長。起源有兩個：1.三年前正在新加坡經商的周鼎華和朱盛華夫婦，隨團去大陸訪問，途中勸請我去那兒做一次大型的弘化訪問。我的回答是，如果那邊有了一百位法鼓山的勸募會員時，我就去。2.兩年前我在香港弘法時，有一位年輕的比丘明義法師，到場列席聽講，他是現任新加坡佛教總會祕書長，也提出邀請我去弘法的建議。我隨口應了他一句：「因緣成熟我一定會來貴國拜訪請教。」

去（一九九八）年春天，周鼎華夫婦回臺北見我時又舊話重提，而明義法師跟他的師父悟峰長老到臺灣訪問，特地到法鼓山，當面邀請。再加上周鼎華夫婦已經在新加坡為法鼓山團體成立了一個佛教圖書館，為新加坡人提供法鼓山訊息，以及我們各項出版著作的借閱；他們為法鼓山勸募建設經費十分積極，雖然還沒有勸募會員的勸募活動，卻已經有了不少位榮譽董事，也積極介紹那兒的社會菁英，到臺灣及美國參加禪七、佛七、受菩薩戒及出家生活體驗營等的修行活動。我為了感謝他們的熱心護法，也應該去走一趟。

原先的計畫，我堅持要由新加坡佛教總會主辦這次弘法訪問活動。結果陰錯陽差，種種的因緣，而使得此次的活動，由周鼎華夫婦結合當地的幾位信眾，承擔了下來。關於這點，對於明義法師及新加坡現任佛教會長隆根長老，我感覺相當的遺憾。

六、連場爆滿

這次在新加坡前後逗留七天，若依照原先的安排，每天都有大大小小的活動，後來為顧慮我的體力，減為四場演講，前兩場是對小眾的，後兩場是大眾的。

小眾演講的第一場是四月十六日晚上的信眾暨讀者聯誼會。本來我在那兒根本沒有信眾，常常到圖書館參與活動的人員也只有一百多人，可是他們借了可以容納五百個席位的新達城三樓禮堂，因為聽說我要去開示，許多人老早就聯絡了親友一起前往。本來我只想聽聽信眾們的學佛心得，和大家做一些互動的聯誼交談，我到那兒只說幾句鼓勵祝福的話就夠了。可是一進會場，竟發現現場有爆滿的聽眾。當果竣師主講了法鼓山的理念、謝世玉及周鼎華的學佛報告、點燈傳遞之後，便要我開示，我只好以「日常生活中理性與感性的調合運用——祝福你平安」為講題，為他們做了一個小時的演講，雖然有點累，還是滿喜悅的。

第二場對小眾的演講是四月十七日的晚上，由大專畢業生佛友會及法鼓山佛學

新加坡總理吳作棟先生的夫人陳子玲女士與作者合影。

圖書館聯合主辦，地點是借用東陵俱樂部地下一樓劇院廳，那是一個原先屬於英國上層人士的集會場所，現在的會員也都是上層社會人士，借用這個場地就是方便該國的高階層社會人士來參加。我的引言主題是「如何以智慧與慈悲來處理問題」。會場一下子擠進了兩百八十多人，其中有現任及前任國會議員，前任內閣部長，現任大使，總統私人助理，執政黨助理署長，各部高級官員，以及企業界、學術界、教育界、宗教界領袖，這樣高水準的集會在新加坡佛教界是相當難得一見的場面。尤其是星國政府官員之間，有一個不成文的禁忌，也就是政府官員們不宜參加宗教活動，也不表明宗教信仰的背景，因為這是一個宗教多元化、種族多元化的社會，官員們的宗教信仰可能會招致不必要的困擾。參與這場座談會的人士是從學術、社會、文化的層面切入，聽聽我是如何建議大眾用智慧和慈悲來處理問題的看法，所以是座談會，不是弘法會。

至於兩場對大眾的弘法活動，就是借我所落腳的旅館四樓萊佛士大廳。它的容納量是三千個座位，平常是用隔間隔開，成為分區使用的大餐廳，遇到大集會，便將所有的隔間打通，看起來非常寬大，高度也相當於兩層樓，故也感覺不出是位在第四樓；此飯店一共有七十三層樓，我住的房間是第五十三層，是一個五星級的旅館。由於這個會場是多功能用途的，聽眾席的椅子是臨時擺設的，講壇是臨時搭建的，有點像去（一九九八）年五月我跟達賴喇嘛在紐約對談的玫瑰廣場，聽眾區沒有坡度，以講壇為中心，圍成一個菱狀的弧形。

圖書館的諸位義工菩薩對這場大型的弘法活動沒有經驗，他們根據臺灣法鼓山辦演講會的經驗考量：以派票的方式發出入場券，出席率大概只有百分之六十左右，因為是免費送票，拿到票也不會珍惜。如果預估到場的聽眾太少，席位坐不滿，空蕩蕩的很可惜；而加倍發出入場券，有時又會造成場內場外人山人海而座位不足，對於聽眾的抱怨很難處理。新加坡的菩薩們也有這樣的顧慮：旅館的經理告訴他們，基於安全的考量，超過人數是危險的，也是違法的。結果他們每場發出了三千六百張入場券，預計有六百人不會來。可是四月十八日及十九日兩晚在我開講之前兩個小時，就已經有人排長龍等待入場，他們都持有入場券，只是希望早一點進場，可以坐到靠近講台的席位。

弘法大會的時間是晚上七點至十點，六點半左右，場內席位便已坐滿，場外還陸續有人進來，發出多少票，就來了多少人。另有少數沒有票的人在場外枯候。幸虧大會的義工菩薩們設想周到，不僅在場內架設了兩面大電視螢幕，場外也架設了一座，無法入場的人，只有在電視螢幕前席地而坐。依照旅館規定，這是不被允許的，也會被罰款的，由於總理吳作棟先生的夫人陳子玲律師及外交使節都來聽講，所以旅館方面也就特別包涵，每天並加派四位保全人員，在我進出場時，隨身接送。

弘法的時間預計三個半小時，依照我當時的健康狀況是無法勝任的，於是將這三個半小時做了相當妥善的分配：六點三十分聽眾入場，七點放映錄影帶介紹我的生平、法鼓山的悲願等等，接著由當地光明山普覺寺的廣聲法師領導的恆河之音合

作者在新加坡對大眾弘法。

唱團演奏演唱〈淨土梵音〉大約二十分鐘，然後我的演講又分作兩個時段，講了一小時，中間休息二十分鐘，播放臺灣法鼓山製作的兩支錄影帶「四海慈悲行」及「三皈五戒」，又為了讓我在演講時有喘息的機會，安排英文翻譯，因此我所講的時間就不是那麼多了。第一晚下來，許多聽眾便要求我於第二天晚上取消翻譯。

對於這項要求，我採取了折中的辦法，還是保留英文翻譯，但是內容簡要一些。我請聽眾原諒，這不僅是為了非華語系的聽眾，更是為了我的體力著想而做的安排。經過調查，會場中聽不懂華語而必須聽英語的人不到二十位，以此看來，新加坡華文教育的普及，好像比臺灣還成功。我在臺灣做如此大型的演講，往往需要有閩南語翻譯，新加坡人除了都會英語之外，華語成了他們第二國語。我只好告訴他們：能聽懂兩種語文的人，不要以為浪費了一半時間，就把它當成同時聽了兩場演講吧！這麼一說，引起了滿堂的爆笑。

這兩場演講的主題分別是「智慧的人生」及「和樂的人生」。第一場我從基本的佛法，正確的觀念，講到人生的目標、意義、價值。如何運用智慧和慈悲，在日常生活中利己又能利人，也提出無常、無我的觀念，要他們在不斷保持危機意識及警覺心的同時，積極改善現在、開拓未來。第二場我把佛教特有的修行方法，特別是中國禪宗數息、念佛、參話頭、默照等的法門，做扼要說明介紹，並且告訴大家：佛法不是少數人或出家人的專利品，乃是人類全體大眾所需要的，可以運用到日常生活中的。

最後是授三皈五戒的儀式。起先負責會場的悅眾菩薩們認為，這會是一樁麻煩的事，三千多人之中，填了表格申請受三皈五戒的人，只有四百多位，其他的人士，在演講結束後，就得離開會場，這樣一來，必定造成場內的混亂，然後再把要接受皈戒的人整隊集合，也得大費周章。所以預備讓我先離開會場去休息，等一切就緒以後再回到會場。

我覺得那不是很好的方法，所以決定採用另一種方法。當我宣布了「演講到此為止」，接著便說：「請大家不要離席，下面是皈依的儀式，並請所有的出家法師擔任尊證，請所有已受三皈及未打算馬上接受三皈的貴賓們坐在原位觀禮，讓大家分享一份歡喜和接受三寶的祝福。」接著我又說：「要受三皈五戒的人跟著我念，已受三皈五戒的人陪著念，不受三皈五戒的人聽著念。諸位就在原座位上合掌即可，請大家欣賞享受這個儀式中自然、莊嚴、和諧的氣氛。」

當我領著誦念三皈五戒的內容時，發現台下的人幾乎都跟著念，只有少數人沒有念。

最後我說：「恭喜大家，已經成為清淨正信的三寶弟子，祝福大家健康、平安、幸福、愉快。」然後又補充了一句：「剛才雖然沒有填申請表、也沒有跟著念的貴賓，如果你認為這樣的三皈五戒，也可以考慮接受，那也算是三寶弟子了。」因此引起全場的歡笑和如雷的掌聲，我就在這樣的笑聲和掌聲中走下了講台。而此次新加坡的弘法活動，到此也畫下了句點。

七、在新加坡接觸到的菩薩們

從臺灣到新加坡的國際機場，一出機門就有幾位居士迎接我：一位是長榮航空公司駐新加坡的主管，一位是臺灣外交部派駐新加坡的代表處祕書周穎華先生。當我步出空橋，又遇到一位當地佛教界相當有名的護法洪孟珠博士，把我引到特別通關口，他們已幫我辦好了特別通關的文件手續。

我在十七年前就見過洪孟珠博士幾面，未曾有機會深談，當時她已是新加坡政府高級官員。她是已故新加坡佛教總會祕書長常凱長老的弟子，此次來為我接機，並告訴我她已從政府的公職退休，是這次弘法大會的顧問。

出了海關，就有大批信眾拉著大幅的歡迎標幟，列隊等待。我和他們合影後便上車直奔旅館。

新加坡的氣候不是四季如春，而是常年如夏，所以一到當地，就必須脫掉幾件衣服。據說前一天還非常炎熱，氣溫高達攝氏三十八度，但是當天早上，突然下了一陣大雨，氣溫下降到攝氏二十七度，雖然不是很熱，但和臺灣的氣溫相比，還是熱了一些。在我訪問新加坡的那幾天之中，天氣都很涼爽，聽眾們都說托我的福，把臺灣的涼爽氣溫帶去了，我哪有這麼大的能耐，只好念阿彌陀佛，並說「慚愧」來回應。

周鼎華夫婦是從臺灣移民到新加坡的華僑，在當地經營美容器材以及美容用品，有好幾個連鎖店，也相當忙碌。但為了護持法鼓山，他們好像沒有工作在身似的，在臺灣的修行活動，乃至於美國的禪七場合，都可以看到他們夫婦兩人單獨或同時出現。他們為了推廣法鼓山的理念，在新加坡的中上層社會，接引了不少的人，這是需要花費時間的，所以我也常常關心他們，要他們把事業和家庭照顧好，才能同時安心地護法和修行。他們則說：「請師父放心，因為學了佛法，所以把家庭和事業都照顧得比過去更好。」

由於周氏夫婦的關係，法鼓山體系下的出版社，也在新加坡參加了幾次國際性的書展，也都是依靠當地的義工菩薩們為書展的攤位服務，出版社的工作人員都曾受過他們的照顧。由於他們的請求，法鼓山的僧團，也派遣法師去當地開設禪坐訓練班。從去（一九九八）年開始，就由果梵比丘尼，去了新加坡和馬來西亞幾趟，也促成了這次弘法大會，並成了我非去不可的原因。

這幾天專門為我開車的是吳一賢居士，他經營著一家跨國公司，做的是航空器材，子公司遍及歐美各國，他是這個集團的總負責人。可是在我訪星期間，他和夫人黃淑玲每人開一輛車，每天陪著我及我的出家弟子。為了便於照顧及接送，他們也住進了同一個飯店的同一層樓，二十四小時地陪伴著我們，唯有利用我在房中休息的空間，才接見他的經理，處理公司工作。

除了周鼎華夫婦之外，吳氏夫婦照顧我的時間最多，他們一無所求，只是受了佛法的感動，願意任勞任怨地護持。由於忙著為我開車接送，四月十九日晚上沒有來得及參加皈依儀式，只好於二十日上午在我飯店的接待室為他們補說了三皈依。

這次參與工作的義工菩薩有一百多人，四位擔任我的護法金剛，他們是吳一賢、謝汪智、謝世玉、陳藏固，負責為我準備飲食的是蔡麗華、蔡翰儀。公關及文宣做得非常好，是由曾汝鸞、葉莫霞等推動。當地報紙、雜誌、電視於一星期前，就有報導，而且透過我的祕書室，由臺灣供應我的採訪稿，連日大篇幅的刊出。節目組及場地組各動員了二十名，接待組動員了九十人，加上總務、財務各組人員。弘法大會主持人是由具專業水準的葉健毅及趙蘭兩人擔任。大會的總幹事是鄭

作者單獨為吳一賢居士夫婦說皈依。

英良。

義工群中包括了新加坡社會各界的菁英人士，所以才能把這場弘法大會辦得有聲有色，能夠由總理夫人出面邀請我去弘法並連續兩晚出席聽法，也是由於這些義工菩薩們的社會關係。

在新加坡期間，每天早上我都被那些菩薩們帶到植物園、海濱公園等綠意滿目、空氣新鮮的環境中去散步，發現那兒的樹木終年常青，生命力旺盛，因為沒有颱風，任何熱帶樹木都欣欣向榮。為了爭取外國遊客來觀光，把遊憩的場所設計得幽靜、清潔、寬敞，讓人有進入世外桃源的感覺。我去了好幾個地方，都令人心曠神怡。

一個小小的新加坡好像到處都有引人入勝的公園，而且他們對於隨手拋棄果皮、菸蒂、垃圾、紙屑等，採取重罰政策，如果隨便在地上、牆上、樹上、公私車上塗鴉，嚴重者會受鞭刑，所以在新加坡旅行，絕對不會看到髒、亂、雜、臭的現象。

不過生活在新加坡，處處都得花錢，我們坐著汽車進出，只要上街就要繳費，除了步行和腳踏車不需要路費之外，各種交通工具，經過任何一條大路，就會自動記錄過路費，所以新加坡的人，不會隨便開著車子在街上兜風。聽說有一對夫婦，因為生育了男的雙胞胎，而受到政府獎勵得到一輛汽車，但他們不敢接受，因為養一輛車，比養一個孩子的費用還高。

十七年前我初訪該國時，政府規定，在上下班的時段，凡是轎車出入市區，必須坐滿四人，否則要罰款。現在這條規定已廢止了，代之而行的是上了馬路就要繳錢，所以幾乎每條馬路，每走一段就有自動照相記錄器，到了月底累計金額讓駕駛人一起繳款，費用相當可觀。我真罪過，在那兒的幾天之中，讓那些菩薩們花了不少的買路錢。這種制度，在世界其他的國家還沒有見過。

這次與我同機從臺北去新加坡的四眾弟子，有一百三十五人，第二天又有法行會和法緣會的二十多位信眾分批到達。所以在會場中除了當地的義工之外，臺灣去的菩薩們，也都穿著整齊的法鼓山義工制服，在會場內外擔任接待和列隊迎送的工作，看起來法鼓山在新加坡的義工陣容相當壯觀。

我的出家弟子都監果品、監院果廣、果梵等都場內場外奔波忙碌以及和信眾們溝通協調，處理得十分妥當，承擔了很多工作。法鼓山護法總會的陳嘉男會長夫婦，也為我對新加坡的護法居士們做了不少的關懷工作，所以我的負擔就沒有那麼重，否則要見我的人太多，向我請示的事不少，我就更加勞累了。

離開新加坡的前一天，當地的菩薩們看到我每天都能外出散步，雖然相當消瘦蒼白，但還能照常走路講話，不僅沒有愁眉苦臉，反而笑容滿面，所以一批又一批的人要求見我。其實我在眾人之前很少表現出疲倦、病痛的神態，一旦離開群眾，回到房間，就會疲累不堪，連喝水、洗手都懶得動，只希望立即躺下休息。可是既然有人迫切地要求見我，滿他們的願是應該的。

周鼎華夫婦又對我說：「主動求見師父的人都滿願了，另有更多出錢出力為護法弘法貢獻很多的人，還沒有機會拜見師父。」因此我請他們安排四月二十日當天晚上，在法鼓山新加坡佛學圖書館，接見全體當地的義工菩薩。

這是一個非常溫馨的聚會，約有一百多人到場，把本來就很小的圖書館，擠得裡裡外外都是人，連我的位子都擺不下。我只好坐上了辦公桌，一方面減少占據空間，一方面也能把大家看得清楚些。我以「智慧和慈悲」為題，做了半小時的開示，然後和他們分批合影留念，使他們每一位都能拿到一張和我合影的照片，這也算是一份獎勵吧！提供圖書館場地的施主李惠蓮和她八十多歲的母親，見了我就很感動，最近她們的因緣不順，圖書館的場地必須收回，本來聽說要馬上搬遷，這時她告訴我：還可以使用三個月。我感謝她的發心，同時勸勉她度過難關，光明就在前面。

還有一位女居士李萬，在我到達新加坡剛出機場時就要求跟我合照。她給了一張名片，頭銜是佛蓮慧佛學會的正主席。通常我不輕易單獨和一位女眾照相，所以婉拒了。

可是當我抵達新加坡一進入飯店房間時，打開行李箱，發現少了一樣非常重要的法物袈裟。我記得在裝行李箱時，那頂袈裟已經被放進去，可能是在我的侍者又拿來一些東西，準備塞進行李箱時，我把袈裟拿開，放在箱子上，結果就忘了再裝進去。因此請問吳一賢的夫人，是否可以買到袈裟？就在當地晚上，果梵師自飯店大廳送上來兩大包紅祖衣和黃海青，要我挑選合身的尺寸，我問是怎麼來的？這才知道是吳夫人打電話給李萬居士，請她送來的。由於我要的是咖啡色的七條衣，不是二十五條的紅祖衣，也不是黃海青，所以又全數退了回去。在一般弘法的場合，我不習慣披紅祖衣，同時我要前往柏林主持禪七，也只要七條衣。

第二天四月十六日，我想親自去僧衣店選購一件七條衣，但吳夫人已先到李萬的店中走了一趟，帶回來了我所要的七條衣，而且說明是由店主供養，堅持不肯收錢。之後我想對這位李菩薩說聲謝謝的機會都沒有。

八、拜訪兩位長老法師

在訪問新加坡期間，原先沒有到各寺院拜訪的計畫，原因有兩個：一是不想打擾他們，新加坡佛教界的人情味特別濃厚，遇到遠客拜訪，一定會請吃飯、送供養，十七年前我就有過這樣的經驗。二是我的身體真的很虛弱，不宜有太多的訪問活動，不僅僅是坐車，光談話就夠累人的。

可是有兩位法師我不得不去拜訪：第一位是現任佛教總會會長隆根長老，他是我的江蘇同鄉，早期先從香港到臺灣，也常常到中華佛教文化館看我的先師東初老人，他在編輯《海潮音》雜誌時，我也是他的作者之一，彼此關係匪淺，尤其這次弘法大會，原來說好是由佛總主辦，所以應該要去向他表示歉意。

第二位是我一同受戒的戒兄淨空法師，雖然他提倡淨土宗，我提倡禪法，我們兩人在法義的認知上或有什麼偏重偏輕之處，但我一向對他很尊敬，因為他真是一位現代的法匠。首先在臺灣成立華藏圖書館、華藏講堂，以及佛陀教育基金會，後來又到全世界開創淨宗學會，在中國大陸全力弘揚淨土法門，估計有幾百萬人受到他的教化。近四年來定居新加坡，訓練了一批又一批的講經弘法青年人才。特別是在我閉關期間，他替我找全了《弘一法師三十三種律學合刊》借給我研究，這是我畢生感激的事，所以我應該去看看他。目前他每天對著十幾位中國大陸去的青年比丘講《華嚴經》，他們都是各佛學院的教師和負責人，將來他的影響之大，無可限量。同時也透過現代化科技網路設施，把他的開示立即傳達到世界各地，據他自己說，每天有五萬人次以上，進入他的網站。像他這樣的弘化，是我所敬佩的。

於是我在四月二十日的上午，分別拜訪了靈峯般若講堂的隆根長老，以及淨宗學會的淨空戒兄。隆老已過八十高齡，鬚眉皆白，待客熱忱不減當年。淨老也已七十三歲，看來似五

作者拜訪淨宗學會的淨空法師。

作者拜訪隆根長老。

十出頭，見了我非常歡喜。

雖然我沒有拜訪其餘的各寺院，可是兩晚出席弘法大會的比丘、比丘尼法師有五十多位，聽說這在新加坡也是難得一見的場面，除了隆根長老第一天親自出席，從頭至尾聽完之外，另外還有廣品、厚宗、法坤，以及佛光山的滿可、慈濟功德會的慧琪等許多法師，大家熱心參與，有的還送我供養。

在一九八二年，初訪新加坡時，所見的長老比丘、比丘尼們，多半已經遷化往生。而我自己也垂垂老矣！但是看到了許多年輕一代的比丘、比丘尼們，也可以預見新加坡佛教的弘揚，不僅後繼有人，將會後後勝於前前。

九、歐陽代表官邸說因果

歐陽瑞雄先生是臺灣派駐新加坡的代表，在正常外交關係時，這是大使的身分。第一晚的弘法大會他出席了，第二晚卻沒有看到他，我相信必有其原因。

多年前我到洛杉磯演講時，曾和歐陽先生見過面，當時他是臺灣駐洛杉磯辦事處的主任。因此我希望這趟訪問新加坡之行能再見他一次，便託護法居士和他聯絡，很快就轉來一個消息說，歐陽代表也很希望能見見我，最好勞駕我前去他的官邸一趟，為他行動不便、半身癱瘓的夫人開示佛法。幾年前歐陽夫人在洛杉磯的一場車禍中，失去了健康，非常沮喪，歐陽先生有時在晚上不得不陪伴他的夫人，所以第二天的弘法大會他缺席了。他是非常傑出熱心的外交官，我訪問洛杉磯時，他也上台致歡迎詞，並且給予諸多的協助。雖然隨身弟子之中，有人勸我應以身體為重，多多休息，但我還是以歡喜的心情到了代表的官邸。我應該去慰問這樣的人，不一定因為她是代表的夫人。

在歐陽瑞雄代表（後排右五）官邸説皈依後，與全體賓主合影。

進入官邸時，已有好幾位先生、女士在等候。看起來坐在輪椅上的歐陽夫人是滿堅強的，只是她對車禍造成殘障的因果關係，覺得無法理解，這一生她不記得曾做過什麼壞事，為什麼會有這樣的報應，所以常常跟自己及丈夫生悶氣，甚至當她跟我談到因果觀念時，也對著我表示不能接受。

我告訴她，因果的道理，應該從兩個方向去認識：1.一般的佛教徒認為現在遭遇災難是由於過去造了惡業，所以罪有應得，自作自受，應該好好地懺悔。2.若從菩薩行的觀點來看，許多的不幸和災難，都是正面的慈悲行，正所謂現身說法，對受災難的當事人來講，這是一份任務，為了使他有機會生起更大的慈悲心和精進心，使其智慧與慈悲成長得更多更快。對於四周相關的人來講，是幫助他們面對災難與困苦，然後學習如何解脫災難與困苦的問題；特別是親人，由於家中有了這樣的人，需要照顧關愛，使得他們都能成長成熟得更多一些，也沒有機會去浪費光陰、消耗金錢於無益於身心健康的活動中，同時也會以同理心去看待社會上有同樣遭遇的人士和家庭。由於這樣的原因，所以說這是出於菩薩在過去世中所發的大悲願心，現身化作活生生的教材，來自利而利人。因此我勉勵歐陽夫人，不要以為自己是前世做了壞事，今生才得這個傷殘的惡報，要相信自己是來現身說法，自利利人的，天底下有許多堅強樂觀的殘障人士，都是從絕望中走過來的。

歐陽夫人以及他們在場的親友聽了以後，深為動容，當場我便勸他們皈依三寶，發菩薩心，修菩薩行，常常繫念菩薩，口稱菩薩，用菩薩的慈悲與智慧，自利利人，那就是菩薩行者。因此當場他們都成了三寶弟子，包括歐陽代表夫婦，代表處的兩位祕書，以及代表的三位知心好友，一共七位。

萬萬沒有想到，原先只是去慰問歐陽夫人，結果他們都成了正信的三寶弟子。我要他們把皈依的功德迴向給歐陽夫人。

回到了飯店，雖覺得十分疲累，倒頭就睡，仍滿心祝福歐陽夫人，真正能以佛法的觀點，擺脫苦難的糾纏，迎向愉快的明天。

一〇、飛到德國

四月二十一日晚上十一時五十分，由新加坡搭乘德航 Lufthansa 班機，經過泰國、印度等上空，飛到德國的法蘭克福再轉飛柏林，全程十四個小時。我雖曾有幾度在法蘭克福轉機，真正入境德國，這是初次。

在我膚淺的常識中，知道德國歷史上曾經出現過不少的文學家、哲學家、宗教改革家、科學家以及政治家，都曾對世界文化產生重大的影響。我在世界各地所遇到的德國人，也都非常優秀，他們務實際，重思辨，講究效率，往往一絲不苟，在臺灣的中華佛學研究所，不僅有傑出的德籍學者來訪問，而且現在就有兩位老師是德國人，還有一位印度籍的教授，一位捷克籍的法師，也都是在德國接受教育。目前也有幾位我們研究所畢業的學生，在德國留學。

在我的印象中，因為德國人非常務實，所以比較缺少像美國人那樣的幽默感。這次我到德國，由一個中國禪師向當地人傳授中國禪法，在德國佛教史上是首見，在中國佛教史上也沒有前例，而且邀請我的柏林佛學社（Buddhistische Gesellschaft Berlin e.V.）是全歐洲最古老的兩個社團之一，成立於一九一七年。另一個是我去（一九九八）年在蘇聯的聖彼得堡演講的蒙古喇嘛教系統的寺院，成立於一九一四年。

柏林佛學社不僅歷史悠久，也是柏林市內最大的佛學社團，他們不屬於任何宗派，是一個國際性、共同性的佛教大團體，另外的十二個佛教團體，都屬於不同派系的小單位。能夠被這個團體邀請到柏林弘法的人，多是國際性的各派佛教領袖。我被他們邀請，是因為我有兩本書被譯成了波蘭文及德文，又因前（一九九七）年我去波蘭主持禪七，以及到克羅埃西亞指導禪修，也有幾位德國人去波蘭和克羅埃西亞跟我學過禪。這回是透過我的英國弟子約翰．克魯克博士，邀請我的。

一些臺灣的弟子聽到我要去德國弘揚禪法的消息之後，便向我提出勸告，認為要帶德國人修行是高難度的任務，他們連一絲一毫的細枝末節都不會放過，只要讓他們發現言論上有一點什麼瑕疵，就會緊追不放，我已這麼一大把年紀，沒有必要送到德國去被修理。

今（一九九九）年春天就有一位在臺灣留學的德國青年，中文程度非常好，隨著大專青年來到法鼓山，參加佛學青年營隊的活動。結營時我為他們全體說三皈依，我見到這麼一位德國青年，特別跟他打個招呼，並說道：我在西方為其他的宗教徒傳授佛法，並不要求他們必須脫離原來的宗教信仰及活動。如果他是基督徒，也不必一定要放棄原來的信仰。這位德國青年聽完之後，相當生氣，說我是個騙子，是假上師，怎麼知道他是基督徒不是佛教徒，當場就離開了大殿。事後我向他致歉，他也不願接受。他認為一個上師應該有神通，應該知道他不喜歡被人看作是基督徒而不是佛教徒的。

我不希望有人罵我，但也不會介意有人罵我，既然答應了要去，我還是本著弘揚佛法的決心去了。

跟我從新加坡一起前往的還有張光斗及郭重光兩位居士，他們負責攝影的工作，這個製作小組前後已有三年，是為了臺灣的中國電視公司《不一樣的聲音》節目採集資料。另一位弟子果元師，直接從紐約比我們早一小時抵達柏林，在機場和我們會合。

在柏林機場有五位居士迎接我們，英國的約翰・克魯克博士，瑞士的麥克斯・卡林（Max Kalin），德國人瓦特・拜耳，及這次邀請我指導禪修活動的柏林佛學

作者在柏林市區的落腳處一座基督教會的招待所。

社的負責人諾艾克（Rainer Noack）博士夫婦，這三位德國人都在波蘭及克羅埃西亞參加過我主持的禪修活動，瑞士的麥克斯，這五年以來幾乎每年都到紐約參加一次到兩次禪七。在機場一見面，克魯克博士就向我頂禮三拜，氣氛相當親切，沒有任何陌生感，使我覺得好像是回到了自己的家鄉一樣。

從機場到市區招待所的途中，他們一路向我們介紹那裡的各項重要設施。柏林的自然環境，已是初春的景象，氣溫只有攝氏十度左右，仍有寒意，無法和新加坡相比。樹梢剛剛透出一點綠意，鬱金香開得十分茂盛，沿路兩旁的草木和其他歐洲地區沒有什麼不同，德國傳統式的古老農舍，白牆黃瓦令人印象良深。高速公路寬敞，往來車輛稀少，因為速度不受限制，所以車輛都飛馳而過。聽說德國專門生產性能優良的車輛，所以不必限制速度。進入市區發現他們的計程車用的都是賓士、BMW及VW。市內三、四十層高的新型建築極少，畢竟這是一座歷史的古城。

我們被安置在一個原先是基督教活動中心的St.-Michaels-Heim招待所裡，這是一棟四層樓的建築物，初建於一八九六年，相信後來又多次整修改建過，可能由於是不同時段的建築的緣故，從二樓到四樓之間的電梯無法直接相通，要過一個走道轉個彎，爬一段樓梯才可以到達四樓，提了笨重的行李，很不方便。

房間設備雖然簡單，但樣樣東西都很堅固，好像可以用上一、二百年，並流傳做為骨董似的。椅子、桌子、門窗都精巧牢固，連掛衣服的衣架、掛鉤都結實耐用，抽水馬桶的設計不但用水少、沖力大，堅固得似乎永遠不會壞。怪不得新加坡的周鼎華告訴我：他所經營的美容院器材，都是德國進口的，一旦協助一家美容院開張之後，很少有人再向他買零件修換，因為品質精良耐久。

德國的工業基礎非常紮實，怪不得第二次世界大戰前，希特勒可以憑藉先進的武器工業，敢發動侵略戰爭。我問德國人，現在他們主要的工業是什麼？據說還是工業用的機器，包括海陸空交通工具，以及生產各種民生用品、工商用品的機器，就是不製造武器。在歐洲的德國、奧地利、瑞士三國稱為日耳曼文化圈，均以精密工業聞名於世。

我們落腳的這個招待所，現在還是跟基督教會有關，住在這兒的幾天中，不斷有教會團體來舉辦各種活動。它的大門口有個水池，池中有一塊大石頭，上面覆蓋著一座銅雕的藝術品，據說是《新約聖經》中的故事：耶穌坐在山丘頂上，對許多的門徒、群眾傳道。其中有男、有女、有老、有少，有人聚精會神傾聽，有人心不在焉地東張西望，刻畫出生動的傳道景象。這個教會機構也在此經營一所小學，所以庭院中有若干的兒童遊樂設施，其中有趣的是類似童話中的一列木製火車頭及車廂，故意把輪子裝錯，十分有創意，所以我也坐進去，試著過做火車司機的癮。

我問起諾艾克夫人：「既然是基督教會團體經營的招待所，對佛教團體住此，怎麼不介意呢？」她告訴我：德國宗教的派系複雜又多元化，主要是傳統的天主教及改革派的基督教。在德國南邊的天主教比較保守，對佛教非常排斥，北邊像柏林市主要是約翰．喀爾文派的基督教，屬於改革派的教會Protestant，是從原來的天主教改革而成的宗教，所以比較溫和開放，對於佛教團體相當友善。柏林佛學社跟他們關係良好，有國際性的佛教人士來柏林，多半安排住宿於此。她又說，歐洲的天主教很保守，因為德國是新教的發源地，所以基督教較溫和。這跟我在臺灣及美國所遇到的情況恰恰相反，新的基督教除了極少數人之外，任何一派對佛教都不會很友善，反而是天主教跟佛教之間的來往很多。不過我也有幾位基督教的朋友，但他們也認為自己是教會中的異數。佛教把耶穌基督當成西方的聖人，是菩薩的化現，而他們把釋迦牟尼佛當成魔鬼。如何能使他們尊重佛教，將佛教定位，看起來是尚待努力的事，因為一神教的基本教義就是一元論的二分法。

一一、我在柏林的飲食

到了德國，我的飲食問題給接待人員造成了困難，第一頓中餐就在招待所的食堂，那兒只有肉丁、玉米、洋山芋合煮的菜湯是熱食，其餘全都是冷的，為我翻譯德語的麥克斯去廚房花了一刻鐘的口舌，總算拿來了一道熱食：一大碗開水，裡面泡了兩個圓球狀的麵包，另加一杯熱牛奶。他說：「師父，我已盡了全力。」廚房的人一定認為來了一個怪人，讓他們困擾。我問他們：「德國人難道不吃米飯嗎？能不能替我找到一碗。」麥克斯回答：「師父，被你說中了，德國人難得吃米飯，他們的主食是馬鈴薯，副食是火腿、香腸，蔬菜以紅蘿蔔、番茄、青椒等為主。」

我考慮請他們陪果元師買些素菜自己來煮，無奈招待所的廚房以及我們的房間內均不允許自炊，只得作罷。後來諾艾克夫人想到，在她家附近有一家越南人開的素菜餐廳，叫作 Samadhi，老闆兼主廚是法國一行禪師的弟子，他發願推廣吃素，在柏林開五年的餐廳，到今（一九九九）年八月滿願之後，就要去法國跟一行禪師出家了。我們當晚就在那兒享受到了一頓越南式的素菜，對我來說略微鹹了一點，但至少已有米飯可吃了。因為果元師出生在越南，所以跟那位老闆談得很投契，並且先告訴他，我是一行禪師的朋友。所以他對我們特別殷勤，之後每次去叨擾，都是由老闆免費供養。

很有意思的是，在最後一天我們剛到這家素菜餐館，老闆便拿出一本越文的書給果元師看，並且問道：「這本書的作者釋聖嚴就是這位師父嗎？」一書是從他朋友那兒借來的，是翻成了越文的《正信的佛教》。此書已在越南人的佛教徒中普遍地流通了好多年，在越南以外，以至美洲，有不少越南佛教團體，都在印行此書送人。果元師把此書越文本的翻印緣起文的一段，翻譯給我聽：「我們沒有爭取到作者的同意，就把它影印流通，除了向作者說一聲抱歉，相信他不會反對我們這樣做的。請作者原諒。因為這本書雖然是站在中國人的立場寫給中國人看的，可是這本書是正確的正信的佛教，應該讓大家分享，普遍流傳。」在這之前，我只知道《正信的佛教》跟另外兩本書《學佛群疑》、《明日的佛教》，同時在十多年前，翻譯成了越文，但還不知道已受到越南佛教界普遍的歡迎。

我在柏林期間，只有前後三餐未去這家越南餐廳用餐。那是由於它週末打烊休息。其中兩餐分別借用一位中國教授車慧文女士家的廚房，以及諾艾克夫婦家的廚房，由果元師和張光斗居士自炊，有一餐則是在泰國人開的餐廳解決。

從四月二十五日到五月二日之間，我們要去東德境內打禪七，相信那兒沒有適合我吃的飲食，所以在去之前，由德國居士陪同果元師及張光斗居士到柏林最大的亞洲超級市場採買，凡是東方人吃的東西，那兒幾乎一應俱全，包括冬菇、豆腐、青江菜、山藥、紅番薯、粉絲、糙米、白米、蕎麥麵、生薑、醬油、味噌等等。我們採購了一大袋，像是要在那兒住上幾個月似的。

到了禪七道場，早餐是牛奶、麵包等，我可以隨眾，其他兩餐由張光斗菩薩料理。在我的大套房裡有一間小廚房，所以相當方便。由以上的情況可以想像，如果我是隨著團體去德國旅遊，或者我不是師父的身分而是行腳僧，到了德國的話，大概只有餓肚子的分了。不過我這種狀況，只有最近這一年多來才發生的，以往出遠門，雖然也很小心飲食，我的身體尚沒有達到需要如此大費周章的地步。

二二、一場精簡的演講

四月二十四日的下午三點至五點，在柏林佛學社，做了一場演講。所謂精簡，有兩層意思：1.聽眾都是該社及全柏林佛教界的菁英人士，我也講得比較精要深入。2.是把原先安排的一場大型演講取消，濃縮成了一場對於少數聽眾的開示。

為了考慮我的健康問題，所以在一個月前取消了公開演講，使很多人失望。德國佛教界都知道日本及韓國的禪、西藏的密，以及南傳上座部的內觀，也知道韓國及日本的禪法是源自於中國，卻沒有見過中國的禪師。他們僅知道中國近代有一位偉大的禪師虛雲和尚，因為有一本翻成英文的書《空虛的雲》（*Empty Cloud*），現在他們知道我是虛老隔代的傳承者，同時又看到了我的書，所以很希望能邀請我去。

大型的演講取消，柏林佛學社也有很多人無法參加我在那兒指導的禪七，所以特別要求我在該社跟他們主要的成員見見面，介紹一下我所指導的禪修和中國的

在柏林佛學社演講的前半場，聽眾表情嚴肅。

演講後半場，聽眾們表情緩和，有歡喜的氣氛出現。

禪法。

演講的前半場，的確讓我感受到德國人非常深沉，不輕易表達自己內心的喜怒哀樂。他們十分用心地聽，半數以上的人，也不停地做筆記，又有點像是評審員在台下為我打分數，其中有一位正在大學教佛學，並且也很用心修行的教授，就坐在我的座位之前，他不做筆記，但是聽得非常認真，我知道他是一位內行人，覺得他好像在等待什麼或想要說什麼。

到了下半場，聽眾們的臉部表情漸漸緩和，彼此的距離拉近，有一種和諧、歡喜的氣氛出現。其實對我來說，沒有擔心什麼或者害怕什麼，只是把我所知道及體驗到的禪法，很真誠地奉獻給大家。我從來不擔心被人家問倒，如果說錯了，就承認錯誤，不懂的就說不知道。因此到演講結束，都被認為相當成功。而那位坐在前面的教授也很友善地向我合掌致意，原來他是聽得懂英文的。

這次講的主題是「中國的禪」，其內容是我經常講的，如何調五事（飲食、睡眠、身、息、心）？如何正確地認識「公案」、「話頭」和修行「公案」、「話頭」？中國曹洞宗的默照是什麼？如何修行這種方法？最後留下三十分鐘開放給大家問問題。這場演講以三種語言進行，以華語譯成英語再譯成德語，只有少數人聽

作者與柏林佛學社主要幹部合影。

不懂英語，甚至其中有人懂得華語，所以翻譯的人也必須很小心，幸虧這位翻譯人員，都已經跟我修行了很多年，對我講的東西不會誤解。所以大家等於聽了兩遍乃至於三遍，相當受用。從這點可以想像得到，一場好的演講，如果需要翻譯，沒有一位有默契的翻譯人員，效果一定不彰。本來臺灣中華佛學研究所也有兩位德籍老師，在德國也有幾位留學生，畢業於我們的研究所，他們的佛學基礎都相當好，甚至也打過幾次禪七，但是不曾有過跟我配合翻譯的經驗，所以還是先翻成英文再由麥克斯翻成德語。

一三、在古堡中打禪七

這次在柏林舉辦的禪七場地，是租用一座古堡，位於柏林東部境內，距離市區大約兩百多公里，兩個小時的車程。沿路景色非常平淡，有些地方是一片牧草平原，有些地方是盛開著黃花的油菜田，有點像中國西北部的春天。農村的建築物相當古老，也很稀少，想不到在歐洲還有如此地廣人稀的區域。

東西德雖然已經統一了十年，東德境內的建設，還是相當落後。我們去的地方叫作Schloss Kröchlendorff，它附近的地勢是一片略有起伏的山坡，看起來不像英國威爾斯那種差距很大的高低丘陵，只是在平原上有些高高低低。這個區域在十八世紀時曾經是普魯士王公貴族管轄的地帶，現在能看到的附近的建築物多半是建於一八四八年左右，有的只剩下殘垣斷壁，有些是無人居住的古老空屋，有些被整修後做為農舍，每一棟房子前都有標示牌說明其歷史背景。因為這個地區經歷過多次的戰爭，許多房子被砲火轟炸，有些又年久失修，直到目前為止，還在陸續整修

柏林禪七場地古堡度假中心。

之中。

從這棟古堡沿革的介紹中知道，它的歷史可以追溯到一七一〇年，有一位公爵 Georg Dietloff von Arnim（西元一六七九—一七五三年）統一了該區域，而後又分崩離析，只剩下了四千六百多公頃的面積，他的後代子孫 Oskar von Arnim 公爵（西元一八一三—一九〇三年）於一八四八年建築了目前的這座古堡的前身。最後一位擁有這座古堡的人，是初建者的孫子 Detlev von Arnim（西元一八七八—一九四七年），不幸在他的時代爆發了第二次世界大戰，古堡毀於戰火。直到東西德統一之後的一九九二年，有人在圖書館中發現了古堡初建時的原構圖，於是照圖重建，規畫為休閒度假中心，到了一九九五年和一九九六年之間才重建落成。據說不僅是外貌形狀及結構和古建築完全相同，連地板瓷磚的圖案也與原物一樣，只是內部材料是現代化的。目前留下的戰火遺跡，除了周圍那些破損的房屋之外，古堡左側庭院中，還保存了一個目前是封閉著的大防空洞，據管理的人員說，將來也會加以整修開放，做為紀念。

這次柏林佛學社為了主辦禪七的場地，接洽了許多地方，都很昂貴，唯有這座古堡度假中心，是在東德境內比較落後的地區，價格相當便宜。所以包租了整個三層樓的古堡，連帶附屬的另一棟房子，也讓我們使用，空間非常寬敞，臥房兩人一間、三人一間或一人一間，也都不小，比起一般旅館高大舒適得多，不要說在美國，就是在臺灣，要有如此住宿環境也要花相當可觀的錢。可是參加此次禪七的人，每位只付八百馬克，相當於四百四十五美元，其中包括了交通、食物、住宿，加上補貼我們師徒三人的機票。不過以美國東初禪寺收費標準來講，那又貴了一倍，因為我們不是旅館而是寺院，禪眾只睡地板而沒有房間的床位。

從我們到達柏林後的第二天開始，那兒的氣溫漸漸回升，經常在攝氏十九到二十度之間，只有兩個早上下降到五至九度，所以沒有感覺到那麼的寒冷。當地的人說，師父把溫暖帶到了柏林，我說那根本是因為該暖的時候了。

這次禪七，本來計畫滿額是五十人，結果恰好有五十人報名。可惜有一位俄國菩薩，臨時沒有出現，大概是簽證有問題，所以實際報到了四十九人。其中除了十七位德國當地人之外，其他的人員分別來自於波蘭、美國、瑞士、英國、澳洲、沙烏地阿拉伯、南非、葡萄牙、以色列、克羅埃西亞、加拿大和臺灣，共十二個國家，包括了全球五大洲的人士。這是自從我主持禪七指導以來涵蓋區域最廣的一次。其中也有四位華人，兩位男士、兩位女士，他們學佛的時間都沒有很久，不像西方人多半是老參，不過都很用功，至於會不會繼續修行下去，也很難說。以我的經驗，跟我修學的中國人多半有這樣的問題，只有三分鐘的熱度。

一四、如何指導禪修

這次的禪七，除了開示之外，我並沒有陪著在禪堂中一起打坐，照顧禪堂的工作由幾位弟子負責，監香的任務則分配給老參的禪眾們輪流擔任。原先預想早晚課誦的安排相當困難，經過協調後，都進行得相當順利：凡是唱的部分，用中文發音，以英語讀誦，誦經的部分用德語，唱腔凡是中文部分都是中國式，德語部分用日本式，英語部分用美國式。好在其中有十多位禪眾，已經跟我打過幾次禪七，老早熟悉了中文部分的梵唄腔，所以雖然西腔東調，混合唱誦，倒是滿整齊的；同樣也用木魚、引磬、大磬等法器引導。相信將來西方佛教徒們的課誦，有一天也可能會截長補短，成為一個世界綜合性的梵唱。

這次我所指導的禪修法門是多元化的，因為參加的禪眾來自不同派系的佛教團體，少數幾人是初次接觸，所以由我的助手，為他們初學的幾個人，個別指導基礎的坐姿及呼吸法等。我先介紹了修止修觀、入定發慧的基礎觀念，然後引導他們從心的集中、身心統一、內外統一而進入中觀的次第過程；用話頭也可以用默照，雖然這兩種都是頓悟的禪修法門，但介紹時，也都分成了幾個次第，所以讓禪眾各取所需，分別選用對他們適合而能用的方法。同時我也配合著方法，講出慚愧、懺悔、菩提心和出離心、感恩和迴向的修行觀念。

尤其為他們指出：修行方法，不論任何人、任何宗教信仰者，都可以練習，也都可以獲得利益，唯其如果沒有依照佛法的原則和基本的因緣觀，便對無我、性空的認知不相應，即無從完成明心見性、頓悟成佛的目的，最多只可以經驗到統一心的大我境界而無法窺知無心境界。這是我反覆向他們一再說明的。

我又告訴他們：禪修最好當然是能開悟，但如果不能開悟，只要願意練習禪的方法，運用佛法的觀念，就可以隨時隨地在日常生活中獲得平安的利益，也能長養慈悲心和智慧。同時，縱然在開悟之後，也不等於不必再修行了。「悟」是體驗到當煩惱脫落時，心非常地自在，但還是凡夫，需要繼續地修行，那是從明知煩惱、調伏煩惱、斷滅煩惱，才算轉凡成聖。

修行，無論什麼人，只有往前走，不許停下來，更是不得往後退的，必須發起長遠心和堅固心，勇猛精進，直到成佛為止。過去看到當達賴喇嘛到世界各地主持

柏林禪七戶外經行。

弘法大會，就有許多金剛乘的弟子從世界各地趕去赴會，令人感到有點不可思議。現在我也發現，我到歐美國家主持禪七，許多弟子也會從各國不遠千里、萬里趕來參加，他們所花的時間和金錢以及鍥而不捨的精神，使我相當感動，像這回的柏林禪七中，就有十多位是這樣的弟子。

因為古堡環境寬敞幽靜，幾乎每天都會有一次的戶外經行。它的前庭是一片大草坪廣場，我們繞著圓形的跑道經行，也可以坐下來沉思、默想、觀心、觀身、觀境。有兩天則到古堡的後庭，那裡也是一片綠地。兩處都有百年以上的老樹，禪眾在草地上或坐、或臥、或立，各自用功。在藍天白雲、微風拂面的情景下，有數十種鳴禽，整天都在圍繞著古堡歌唱；遍地黃色的蒲公英花，點綴在生氣盎然的嫩草叢中。大家在如此的環境中禪修，可以忘記塵囂，洗淨凡思，像是在仙境中一樣。

因此有一位曾經到紐約皇后區打過好多次禪七的禪眾，在小參時有些不解地問我：「師父曾經說在十字街頭最好參禪，這次在古堡的環境，好不好呢？」我回應他：「十字街頭好參禪，是指兩種狀況：1.是對已經徹悟的人而言。2.是對沒有更好的地方參禪，只有藉境鍊心的人而言，那還是不錯的。不過對初學的人，假如因緣許可，還是以寧靜的地方為原則。所以當我們落腳於紐約，還沒有辦法找到更好的道場時，只好在市區大街邊上的東初禪寺打禪七，這兩年以來，我們的情況好轉，已在紐約上州的山區，有了一所相當寬敞幽靜的禪修中心象岡道場。」

禪七的最後一天下午，也在古堡後庭草地上指導禪眾如何從直觀的觀法，進入中觀的觀法。因為不論用話頭、默照或數息等的哪一種方法，如果到了只有方法沒有妄念的程度，參話頭不見疑團，用默照不能到自我中心脫落，用數息到了無息可數，或無數目可數，而我執依然之時，最好是採用直觀而進入中觀。所謂直觀是以心觀境之時，不給名字，不加形容，不做比較。這個自我和一切境界，本是非常平安的，了無差別的，直觀法便能使你把相對的境跟你合而為一。再進一步，用中觀法觀相對的境是空，觀與境合一的我也非真有，故中觀也就是空觀；雖有境，但既不把它當成與我對立，也不把它當成與我統一，境非真有，我是假相；一切都有，就是沒有我，也沒有非我，空去一切執著，便是觀空成就。它就是《金剛經》所說的「若見諸相非相，則見如來」，這裡所說的如來就是無我的大覺智海，是以般若的空慧，照見五蘊無我。

當大家練習直觀的法門，也要他們試練中觀的法門之後，做了一次小小的測驗。首先問大家：直觀的方法懂了沒有？中觀的方法用了沒有？他們都說懂了、用了。接著我問：「什麼叫作直觀？」

很快地有人回答：「不給名字，不給形容，不做比較。」如我所教的一樣，全都答對了。

我便隨手在地上摘了一莖三片的草葉，舉向大家，問道：「這是什麼？什麼顏色？有幾瓣？」

笨的人給得很快：「是草葉，綠色，三瓣。」聰明人在偷偷地笑。

我問一個笑的人：「笑什麼？」他說：「不告訴你。」我堅持一定要他講。他說：「我也知道，因為不給名字，不給形容，不做比較，所以不能說。」但他在心中已經給了名字、形容、比較。為什麼說他們聰明，因為他們的腦筋動得比笨的人快。

不過多半都說這種直觀法很有用，因為當你用自己的心，在面對特定的某一境，做觀照時，感覺到心是寧靜的，所對的境跟平常所見到的也不一樣，更清晰、更親切、更自然、更和諧。至於中觀，僅有一、兩位好像已擺脫了自我，有一種自然空明的體驗。

最後一個晚上，是例行的心得分享，分成五組，用英語、德語、波蘭語三種語言分別進行。這次有十二位禪眾來自波蘭，他們只要開車十幾個小時就到了柏林，好像比加拿大的多倫多到美國紐約還要近。綜合報告是用兩種語言：英語和德語。他們對於參加此次禪七，都有相當的收穫，在觀念上或方法上，對他們有了決定性的幫助。我鼓勵他們，在禪堂定期修行固然重要，在日常生活中，應用禪七中學到的方法及觀念，那才更重要。平常修行和定期修行是互相輔助的，平常修行是為了平常生活中少煩少惱，如果平常生活中不修行，僅靠定期的禪七修行，力量不夠，也不切實際。所以他們都說打完禪七之後會繼續努力。

有一位波蘭女士，已參加禪修很多次了，因為聽我說要他們發菩提心，一邊

禪眾們在古堡禪堂裡禪修。

柏林禪七心得分享。

自修，一邊要把禪法在他們自己的國家傳播給其他的人。她對我交代的這項任務非常歡喜，也感到滿恐慌的；她認為禪修真的很好，但她沒有力量傳播給人。她問我：像她這樣的人，還應該繼續修行嗎？我便說了個譬喻：好像一個還不到十歲的小孩，見到了一位遠房的叔叔，帶來十噸黃金擺在他面前，告訴他說：「這是屬於你的，你要好好地用它。」這個小孩子一邊很歡喜，一邊又發愁，十噸黃金要搬走都沒有辦法，又要他如何去使用呢？這不要緊，等小孩稍微長大，就會委託專人管理，或者自己也學會處理了。

大家聽完了以後，非常歡喜，直到第二天，還有人互相鼓勵，說他們得到了十噸黃金。瑞士籍的麥克斯．卡林，為我所做的德語翻譯，非常傳神。他是一位醫生，為了發願在西方推廣中國禪法，已計畫提早退休，他將把我這次在柏林禪七中的全部開示，編寫成書，分享德語世界的讀者。另一位來自沙烏地阿拉伯的福克斯先生，自柏林回去後給我寫信說，他修行多年，到打完這次禪七，才恍然發覺，他本來就在門內，卻老在找鑰匙開門回家，故已準備提早退休後，到美國的象岡道場砍樹劈柴。這兩位的心願，可說是這次禪七的餘音。

一五、柏林國立博物館

禪七之前的四月二十三日，幾位當地的居士，陪我參觀了位於東柏林的國立博物館Staatliche Museen zu Berlin，裡面收藏有古希臘神殿以及巴比侖古城，把神殿的各項建築和雕塑，大大小小全部以原形修復而呈列在博物館內。被稱為柏加瑪·阿爾泰（Pergamon Altar）的祭台，是該博物館中最重要的展示品，它是於一八六五年，在現今土耳其的柏加瑪城（Pergamon）的山中古堡被發現，於一八七八年開鑿挖掘，一八九一年運至柏林博物館。它的浮雕系列，陳述著古希臘神話中天神們和巨人們之間競爭的故事，最高的石柱有四十英尺。

如果研究希臘神話及石雕藝術，這座博物館實在值得參觀，站在神殿巨大的圓石柱下，就顯得人是那麼渺小。像如此高大的神殿，過去只有在電影中看到，這次親自接觸到，感覺更加深刻。在基督教的《舊約聖經》故事中，有一位巨人參孫能把古神殿的大石柱推倒，一般人無法想像其有多高多大，進入了這座博物館才可以

柏林國立博物館裡的古希臘神殿。

體會希臘神殿的氣勢雄偉。

在同一個博物館也見到了巴比侖古城的城牆和城門，巴比侖王朝是西元前二千年左右位於西亞的大帝國，在那個時候，城牆就是用高級的瓷磚燒成各種怪獸的浮雕，鑲嵌在牆面上，像中國的麒麟以及西方傳說中的獨角神獸，都可以在古巴比侖的城牆上看到。有的是獅首馬蹄，或者馬首而前腳為雞爪、後腳為獅掌。城門的高大，可以跟希臘的神殿媲美；門框之高，必須站在二十公尺之外仰視。經過四千年，色彩也沒有變化褪色，可以想像當時文化藝術水準之高，及經濟繁榮的景象。但後來此王朝沒落消失，古城成了廢墟，現在能從柏林的博物館看到，實令人驚歎世相無常。

就在這座博物館附近，有一棟建築物，空蕩蕩的，正中央有一個銅雕藝術品，是一個坐著的老婦人，雙手撫抱著一個青年的屍體，銅雕前面有幾束遊客所獻的鮮花。當地的居士告訴我說，這是一座無名英雄紀念堂，是為悼念歷來為國捐軀的陣亡將士而建造的，老婦人代表德國的民族，青年代表所有在戰場陣亡的軍人。

我也在那兒禱告，願這世界不要再有戰爭，所有為人母親的婦人再也不要為了戰爭失去兒子而傷心。可是我們回顧歐洲的歷史，以及直到現在為止的歐洲人，提

作者在無名英雄紀念堂祈願世界不要再有戰爭。

起德國人，都有一個印象：「是好戰的侵略者。」多少世紀以來，日耳曼民族和其他鄰近的國家，不斷地有戰爭。第二次世界大戰就是由德國希特勒所發動的，戰後德國的一部分被蘇聯統治，直到現在聯合國尚不准德國發展武器工業，就怕他們在軍事強大之後，還會侵略鄰國，對世界和平不利。德國人非常優秀，但他們始終沒有安全感，也不快樂，若不是想盡辦法征服其他國家，就是擔心其他國家來報復他們。我看歐洲的面積，實在不大，分割成許多不同的國家，也有不同的語言、文字，為了各自的利益，常常分分合合，如果大家都能放棄了戰爭，永遠地追求和平，對他們自己及世界來說，都會有非常重大的貢獻。我默默地祝福他們，永遠不要再有戰爭。

一六、集中營紀念館

四月二十三日當天下午，我們前往距離柏林市區約一個小時車程的納粹集中營紀念館，那是惡名昭彰、舉世聞名的 Sachsenhausen 紀念博物館，據其簡介中說明，此集中營建於一九三六年，是一座經過細心設計的模範集中營，它的建築構造象徵著納粹黨對被囚禁者的完全征服及至高權力。在一九三六至一九四五年間，納粹黨在此，總共囚禁了超過二十萬人，他們是反納粹的政治犯，以及被稱為低等生物和種族的人，其實就是猶太人。一旦被囚禁於此集中營後，能夠活著出來的機會相當稀少，大部分的被囚者，都死於營養不良、飢餓、疾病，或勞動至死，也有被絞刑、槍殺及施放毒氣致死，或是被拿來做為研究生物武器的細菌戰以及製造毒藥的試驗品而死亡。故到一九四五年蘇聯紅軍接管該集中營時，被囚者只剩下了三千餘人。在一九四五至一九五〇年間，蘇聯又拿它來做為囚禁政治犯的集中營，前後囚禁了六萬人，死在裡面的至少有一萬兩千人。與其說它是一個集中營，毋寧說它是一座血淋淋的屠場和墳場。

一九五六年蘇聯將此集中營改作營房，曾駐防過人民警察部隊及國家陸軍。後於一九六一年改為國家紀念館。在一九九〇年至一九九二年間，由於柏林圍牆的拆除，東西德的統一，此集中營又被政府臨時用來做為 Brandenburg 省的科學研究的文化部門。一九九三年它由 Brandenburg 紀念基金會接管，該基金會同時也兼管一個靠近 Wittstock 附近的 Belower 森林內的「死亡行進」紀念館，納粹曾經在那裡以夜以繼日步行不息的虐待方式，使得一萬八千人全部死亡。

進入集中營紀念館，首先映入眼簾的是鐵柵門上，嵌有幾個德文字 ARBEIT MACHT FREI，意思是「努力工作，就得自由」，每個被囚禁者，進入此大門時，都可以看到，希望他們為了重獲自由，於被囚禁期間努力工作，所以集中營中生產很多種類的手工藝品，包括磚、瓦、編織品等各項生活用品。其實這樣的集中營也即是勞動營，不過要求勞動是真的，獲得自由卻是謊言。

進入大門之後，看到一片空曠的等邊大三角形營區圍牆，以及幾棟紀念性的建築物，看不到當年集中營中矮、窄、擠迫的營房和各項設施。每個有紀念性的定點，都有石刻標示牌；此外已經看不出，也無法想像這曾經是關過二十多萬人的集

集中營紀念館進門處鐵柵門上嵌有德文字：「努力工作，就得自由」。

中營。據說三角形象徵納粹至高的權力，讓一切的人都在他們的掌控之下。現在還可以看到沿著三角形的圍牆線上，保留著七個監視塔的遺跡：當年這些瞭望塔上都架著重型的機槍，只要有任何人膽敢企圖越牆逃亡，立即射殺或處以絞刑。到現在為止還有一段當年警戒線的通電鐵絲網，留在圍牆之內做為紀念，同時在鐵絲網前三公尺處，豎著一個骷髏圖案的警示牌，表示只要進入這一邊線就必死無疑。在紀念館的陳列室中，看到一張圖片，那是一位已經死亡的被囚禁者，雙腳倒掛在鐵絲網上的景象，他究竟是被電死的，還是被機槍打死的，就不得而知了。

大門內第一個半圓形的區域，是點名集合場，在半圓形頂點處的十字路口，是一塊橫臥在地面上的石刻紀念碑，上面說明這個位置在當年的意義和用途，是執行絞刑的地方，可以讓全營所有的人都看到。如果被囚禁者企圖逃亡，或犯了規則，就會受此刑罰。很難想像這裡究竟被處死了多少人，不論是在光天化日下，或在淒風苦雨之中，讓全營的被囚禁者，在非看不可的情況下，看到一個個的同囚者結束了他們寶貴的生命。所以當天我們也看到有些參觀的民眾，帶著鮮花，擺在紀念碑前憑弔。

當時的我，心中相當沉痛，同時也生起慈悲心來，默默地祈禱和祝願在這兒捨身的人士，放下怨恨，原諒仇人，願他們也能用慈悲心來看待這殘酷的歷史，並願他們放下一切而求生佛國。在紀念館第三個半圓形內的道路兩側，各有一棟建築物，分別是原先被囚禁者所使用的廚房和洗衣房，現在做為收藏遺留下的圖片及若干遺物的陳列室。由於集中營結束至今已有五十多年，而且經過蘇聯及東德的管理，當年集中營留下的物品很少，只能將當時及稍後的新聞報導保存的圖片展示給大家。

根據學者研究，當時集中營的負責人，十分細心地規畫，詳細地記錄各部門的

柏林集中營內毒氣區遺址。

行事內容，例如某天某時對某人做了怎樣的毒品試驗，以及毒氣行刑和焚屍的過程等，鉅細靡遺地記錄得十分詳盡。如同醫學院的學生，在上解剖課程時，記錄著如何解剖老鼠、青蛙、白兔以及人的遺體那樣認真。這實在令人無法想像，同樣是人，可以把人的生命當作實驗品，用來做為分析研究的對象，而且還是白種人對待白種人，怎麼可能有這麼冷酷而下得了手的人呢？我當時問了一位德國居士，他說：「德國人就是如此，因為這是他們的工作，是執行上面交代的任務。」

我又想到在世界歷史上，沒有戰爭的日子很少，把外國人或外族人視為異類而加以屠殺的事件，東西方都有很多。甚至在近代史上，屠殺同族同胞的事件，東西方也都有。不過西方人之中有許多愛護動物的人士，見到有人殺狗殺貓，都會提出嚴重的抗議，何況是殺人，怎麼會視而不見？如果是佛教徒，基於慈悲的原則，根本連動物都不會殺害，對人類更不會互相殘殺。西方國家由於政治立場不同，國家利益不同，互相殺伐屠戮；就連宗教與宗教之間，也是互相敵視，把對方當作魔鬼，乃至於同一宗教的不同派系之間，也都看成是必須消滅的魔鬼。唯有佛教，看魔鬼都是未來的佛，只有用慈悲和智慧來感動轉化，而不是用殺戮殲滅來對付異己者。所以那位德國居士跟我說：「但願佛法能夠普及，這種殘暴的歷史就不會重演了。」

陳列室中有一個吊刑架，是一根橫木上固定了幾個鐵鉤把，表示每一個鐵鉤把下就是一條繩圈，每一個繩圈可以吊死一個人，這也表明，在同一時間可以處決好多個人。也看到了一座木製的運屍槽，是將處決之後的遺體運到焚屍爐的一種工具。我在那兒雙手合十，也偷偷撫摸了這兩件陳列物，代表慰問那些遇難者的亡靈，讓他們能平靜地超生。

陳列室中有一堆金牙齒，是當年的一個牙醫，從臨刑前的被囚禁者嘴中活生生拔下來的；現在看到的只是少部分，當時的世界各地流行著以鑲金牙做為裝飾，很可能一顆金牙就代表著一個生命。也看到了一堆頭髮吊掛在玻璃櫥窗內：當年的被囚禁者，進入集中營，就要把長髮剪掉，成批地出售給商人，做為毛織品的原料。當時好像也沒有人懷疑頭髮的來源，如果明知來自集中營，怎麼會願意接受？也許在那個年代，不會有人思考這個問題吧！

有一張照片，是幾個人在把死人的骷髏頭，一排一排地放得整整齊齊，一眼望去有上百個之多，這是埋在營區的遺體被發現後，為了查明究竟埋了多少人，而正在清點。另外一張照片是當時集中營宿舍的景象，一群被囚禁者，擠在密密麻麻的雙層床上，每層上下的空間很小，而左右的空間很窄，很難想像在如此的狹小空間如何活得下去，營房是簡陋矮小的平房，很像養雞、養牛、養馬的畜舍。凡此種種，真是一幅活生生的人間地獄圖。

從這座陳列室出來，在等邊三角形圍牆和大門相對的頂端，現在是一座高聳入天的石砌紀念塔，塔前有紀念雕像。在其左側方，又是一個當年最恐怖的地方：毒氣室和其相連的屍體焚化爐遺址。現在這個位置的頂上，蓋了一座只有平台屋頂沒有四周牆壁的紀念建築物，其中也有一座紀念性的銅雕像，是兩個活人拖扯著一個

作者在集中營紀念塔前念佛迴向。

死人。據說當年集中營集體殺人的方法是，把一隊一隊的被囚禁者，剝光了身子，趕進毒氣室，密封出入口後，用一種特殊的毒液，滴在一種特殊的化學石塊上，就會產生置人於死的毒氣，死了一批就用自動的機器把遺體轉送到焚屍爐中，然後第二批、第三批……。這種殺人焚屍滅跡，科學自動化的方式，省事省力，真是慘絕人寰，了無人性！在陳列室中，我們也看到了當時用來殺人的化學石頭，是白的顏色，聽說只要滴一滴毒液，化學石頭就會揮發，散出劇毒的毒氣。人只要吸入就會立即死亡，這可以說在人類史上是絕無前例的事。

這是在二次世界大戰時，德國建的第一座模範式新型集中營，類似這樣的集中營在德國境內，當時還有好多所。

本來這個集中營紀念館還有幾處可以參觀的，我已不忍心再看下去了，所以一邊默念著佛號，便離開了那兒。

一七、凱旋門與柏林圍牆

五月二日早餐後禪七圓滿，諾艾克博士建議我們在回程的路上，順道參觀一所東德境內唯一的佛教寺院。它位於一座小山丘的樹林之中，要爬四、五十公尺的陡坡路。那是南傳佛教斯里蘭卡的道場，目前有兩位年輕比丘在照顧，他們是由其本國僧團，輪流派遣出來，除了管理門庭，也為當地的信徒講些基礎的佛法和禪坐修行的方法。該小寺院有三棟房子，看起來精緻小巧，佛殿僅能容納二十人左右，也有客堂、僧寮。我們被引到客堂喝了一杯水，看到堂中有兩個直立的石碑，是用巴利文和德文兩種語文刻的《法句經》。寺前左側有一棟小房子，據說是一位長年在那兒修行的德國居士曾住在那裡，目前則是空著的。

回到柏林市區，我們被帶到詩卑河（Spree River）旁，這是穿過柏林市內主要的一條運河。那兒有一座歷史性的堡壘，曾經是一位司令官駐守的要塞，直到現在都還可以看到被敵軍砲轟留下的累累彈痕。這個堡壘居高臨下，可以俯瞰整個柏林

作者在柏林佛教寺院內與斯里蘭卡比丘話家常。

的全景。目前已非軍事用途，在其頂端平台上矗立了一座藝術銅雕，究竟象徵什麼，也不太清楚。

接著，我們前往參觀德國古典及重要的建築物凱旋門 Brandenburger Tor，那是柏林市的精神象徵，也曾是德國分裂的象徵。它建於一七八八至一七九一年，是以古希臘的建築為模式，以花崗岩砌成，五洞六柱，相當宏偉，門樓頂上有一組銅雕，四匹馬拉著一輛戰車，車上站立著一位希臘神話中長有翅膀的勝利女神。德國歷史上許多重要的慶典，都在那兒舉行。第二次大戰後，柏林被分割成東西兩半，凱旋門是其界線，此門被圍牆封閉。一九八九年十一月九日柏林圍牆被拆除，來自世界各地的青年男女，即登上此門的牆頭、門樓頂上以及門的四周歡呼歌舞。一九九〇年的新年及同年十月三日，為了紀念東西德統一，群眾在此地舉行慶祝大典。由西柏林方面迎向凱旋門的馬路中間安全島上，目前尚可見到有一座銅像，是一個人用兩手圍著嘴巴，面對凱旋門大聲喊叫的樣子，據說是西柏林人為了呼籲凱旋門前的圍牆早日打開而建的一座銅像，寓意大聲疾呼：「快點開門哦！」真是十分有趣！凱旋門前早已沒有圍牆的痕跡，只標有一條油漆的黃線，在近旁的馬路邊上，顯示著那曾經是圍牆的舊界遺址。

柏林圍牆，係由共黨統治的東德政府，為了防止東德人民逃向西德，開始建於一九六一年的八月十三日，將柏林劃分成東西兩個世界。本來只是臨時的建築物，用作區分東西柏林的關卡，結果卻變成了分割德國成為東西兩個政府統治，達二十八年之久的邊界。它同時也代表了自由與奴役，繁榮與貧窮的分界線。許多東德的人民為了嚮往自由，不顧生命危險，企圖攀越圍牆，卻被槍殺於牆邊。為了紀念這些因逃亡而受難的人，已豎立了幾座紀念性的十字架，上有被槍殺者的名字以及被槍殺的日期，以供後人憑弔。

柏林圍牆雖已拆除，德國人為了紀念慘痛的歷史，仍保留了兩處。影視小組的張光斗菩薩，希望我也去參觀一趟，以便製作節目，有此舉世聞名的圍牆鏡頭。

第一處只剩下了二段二十來公尺長度的圍牆，其中一段已被修復成新築時的原狀；另一段則保持了當年拆除前後的舊觀，在西柏林這邊的牆面，已經被人民用斧頭、錘子把水泥敲去三分之一，露出一根根的鋼筋，甚至有幾塊牆面已被鑿穿了小孔，可以窺望牆東。據說這些都是一九八九年以後的破壞，在此之前，東西柏林的兩邊政府，都警告人民不可以靠近這道牆，彼此都說牆的另一面如同地獄般十分可怕。西柏林這邊距離圍牆僅僅一路之隔，就是成排的四層樓住宅區，因為圍牆只有一人半高，從樓上的住家可以看到東柏林，而牆的那一邊的東柏林就是一片空曠的無人地帶，這是東德政府監視人民逃亡的防護巷，便於瞭望，只要誰敢進入此無人地帶接近牆邊，就很容易被發現而遭到槍擊。

東柏林的各項建設，比西柏林落後很多，包括公共建築、商店、住家，甚至於馬路上的交通工具，都十分陳舊古老，至今仍保持著有軌電車，偶爾在東柏林的街上還可以看到三十年前出廠的老汽車。他們的國民所得比不上西柏林，失業率也高過西柏林，雖然工作月薪東西德已拉平，每小時工資十三至十五美元，但東柏林的人很不容易找到好工作，好在統一後由政府協助，東德各方面都逐漸改善。雖然柏林圍牆已經拆除，十年來兩邊的生活環境品質的差距，還有一道無形的牆等待拆除。

第二處的圍牆，約有數百公尺長，保存得相當完整，牆面則被年輕人塗滿了各種標語及圖畫，塗鴉者是來自世界各地的青年，為了發洩情緒而留下的傑作，未必是為了反對什麼或追求什麼，當然有些也是想要舒展他們的心懷及藝術的靈感，多半是抽象的圖案，無法知道他們要表達的真正內涵是什麼。最妙的是也看到了東方人的手筆，例如用日文寫的標語，以及臺灣同胞在此牆面留下的痕跡。過去它是極權統治和民主社會的一道分水嶺，後來卻變成為世界各地青年自由揮灑的民主牆。不過德國政府已經不允許在這段道路的兩側停車，以免大家在牆上塗鴉。

我們也去了原來是東德市政府和市議會的廣場，那兒四通八達，廣場中有一座圓柱形的電視塔，高三百六十五公尺，比巴黎的艾菲爾鐵塔還要高出四十五公尺，在它二百零三公尺的高處有一個圓球型的旋轉餐廳，再上面是電視台的天線，這是東柏林市區相當特殊的建築物，建於一九六五至一九六九年。

在市議會門前的廣場，有一組兩人的銅像，一個坐著，一個站著，坐的是列寧，站的是馬克思，他們是社會主義革命的師生檔。那是蘇聯統治時代留下的遺

作者觀看柏林圍牆上的塗鴉。

物，並沒有因為共產政權的瓦解，而把這兩尊銅像廢除，由此可以看出德國人民的雅量及文化修養。如果是在東方，所謂一朝天子，一朝文化，新政權一定要把舊政權留下的遺物徹底剷除，真是不理解文化是什麼，也不能夠接受歷史的事實，這是令人相當遺憾的事。所以中國人最善於創造歷史文物，也最懂得摧毀歷史文物，害得後代子孫要到外國的歷史博物館，才可以看到自家祖先留下來的文化遺產。

在回程中又通過凱旋門，往住宿處西柏林方向行駛，跟凱旋門遙遙相對的大馬路的另一端，也有一座六十七公尺高的圓柱，上面站立著一座八公尺高的古希臘勝利女神像，建於一八七三年，是為了紀念普魯西亞（Prussia）戰爭的勝利及德國的成立；頂端鍍金的雕像輝煌燦爛，背上伸展著兩個翅膀，頭頂是一隻展翅起飛的鷹，左手拿著象徵武力的長槍，右手舉著象徵和平的桂葉冠。

我發現在歐洲許多國家的古都市內，幾乎都有凱旋門，也都有慶祝勝利的神像，說明了歐洲的歷史上常有戰爭，每個國家都被戰爭所苦，偶爾也會有戰勝帶來狂傲的歡樂。從這點思考，我倒是寧可欣賞美國的精神，美國沒有凱旋門、沒有勝利女神，就是有也是博物館或庭院的裝飾品。尤其在紐約的港口，在一個小小的艾利絲島上，建的是一座自由女神雕像，面對著乘船從海上來的人們，宣告：「自由的美國在歡迎你。」

與凱旋門相對的勝利女神像。

一八、給歐洲禪修者的叮嚀

五月三日上午十點，離開了住宿的招待所，前往諾艾克府上休息，距離去附近的越南餐廳用午餐，還有一段時間。

英國的約翰．克魯克博士，除了禪七期間，到了柏林都是住在這對德國居士夫婦的家，利用這段空檔趁機請示我，他在英國如何訓練和帶動中國禪的推廣工作。

他告訴我：在英國境內，從三年前起，已經成立了西方人的中國禪學會，核心的人員只有幾十位，可是已經分布到英國各地的八個點，由他們每一處會員之中找出一或二人做為幹部，訓練他們如何帶領禪修、推廣禪修，他計畫分成兩個層次：1.要他們指導禪修的方法，同時照顧禪眾共修的規則及解答簡單的禪修問題。2.訓練他們清楚基本的佛法，正確的中國禪觀念，在他們自己的地方擔任開示禪法的講師，以及擔任小參的指導人員。

他請示我應該注意的是什麼？我指示了三個原則：1.傳授的一定是我所教的方

法。2.不可以夾雜其他教派的任何方法來混同著談和用。3.中國禪法一定不會違背基礎的佛教思想緣起性空、因果不空，同時絕對不可涉及神通、感應以及所謂特異功能的現象，否則就會誤入歧途，偏離正統禪法的宗旨。不然名字叫作西方人的中國禪學會，結果又弄氣功、灌頂、加持、神通，那就對不起我，也對不起中國禪宗歷代祖師了。因為中國禪法是非常乾淨、落實在正常人的現實生活中，過正常人的精進而有智慧的生活。

事實上，五月二日的早餐後，已有從波蘭來的三位禪修領導人Pawel Rosciszewski、Beata Kazimierska、Jacek Majewski來到我的房間，向我再三請求，希望派遣一位出家弟子，去華沙帶動中國禪，並說波蘭位處歐洲的中心地帶，只要在他們那兒打下穩固的基礎，在歐洲各國的中國禪，也會跟著帶動起來。他們所說的我相信，可惜要派出家弟子前往是相當困難的。我的出家弟子之中，能講英語的雖有好幾位，可是到了歐洲，必須重新學習當地語言，而且不僅是只學習一種語言。歐洲各國受過高等教育的人士，都能通達兩、三種語言，否則溝通上相當困難。何況我的弟子，出家時間都不太久，要他們獨當一面，到歐洲帶領禪修，推廣中國禪法，還嫌早了一些。所以我建議他們自力更生，盡量多參加幾次我在美國及

作者與波蘭來的三位禪眾。

歐洲主持的禪七，就可以學習著如何推廣中國禪法了。

因此當英國的克魯克博士，向我報告了他的計畫之後，我也提出要求，另外給他一項任務，就是比照英國禪修幹部培訓的方式，把歐洲各國推廣中國禪法的幹部們培養起來。他也願意承擔這樣一份光榮的任務，可見中國的禪法在歐洲是很有前途的。

我們就在五月三日的晚上，搭乘德航班機，從柏林經法蘭克福，轉機飛到了紐約，全程八個多小時。第二天休息了一個上午，就到象岡道場，好好地靜養，一路下來的確非常地累，不僅講話、走路無力，更是整天想睡。紐約弟子們看到了我的面容蒼白憔悴，都替我擔心，堅持要我好好休息。

一九、政黨人士來訪

從今（一九九九）年七月六日回到臺灣之後，已有許多的工作等待著我去完成。其中預定的是七月十八日的祈福皈依大典，地點在臺北市立中正高中大禮堂，到了近二千人。在此之前，七月十一日借臺北市成淵國中舉行新勸募會員授證；七月二十四日及二十五日，前往臺南關懷信眾菩薩；七月三十一日，開始主持國內的第八十次精進禪七，專修話頭禪；八月二十二日，在林口體育館舉行一九九九年全球會員感恩大會，接見會員代表；九月十一日，桃園齋明寺舉行晉山大典；九月二十一日，臺灣發生震驚世界的七級大地震，然後就進入密集的救災活動。

由於明（二〇〇〇）年春天中華民國要選舉第十任總統，我在國內期間，有幾位要問鼎總統府的政界人士來看我。雖然他們知道我們法鼓山的立場，不會為人助選，他們還是非常謙虛地來向我請教。我不懂政治，也不談政治，他們來，我就跟他們談佛法。今年的一月及十月，民進黨前主席許信良先生兩度前來訪談；到了七月四日，立法委員也是民進黨前主席的施明德先生來訪；七月二十一日，前臺灣省長宋楚瑜先生來訪。

他們幾位的政治立場、意識型態各有不同：宋先生為了投入競選，不惜被中國國民黨開除。有人稱讚他是寂寞的先知的許先生已經準備脫黨競選，因為民進黨黨內大致已經確定由前臺北市長陳水扁先生代表競選，所以許先生只有脫黨一途；我只是告訴他，凡事謀定而後動。施先生他並沒有要參與競選，只是跟我分享經過二十五年牢獄生活的心路歷程，他說他的心靈富可敵國，他的經驗使他放下了仇恨的傷痕，而生起無限的感恩，因此，他自覺愈來愈不像是政治人物了。宋先生跑遍了臺灣各地，普遍見到人民對宗教信仰的虔誠，讓他觀察到宗教對人類心靈的重要性；我看他非常地忙碌，所以希望他能夠經常保持頭腦和心情的輕鬆和安定，並且在面對任何的人事狀況時，心中只有包容，沒有敵人，只有慈悲，沒有怨恨，內心平安寧靜，就能達到自安而安人的目的。

在此期間，行政院長蕭萬長先生也特地來到農禪寺看我。本來是他的兩位老友龔天傑及葉榮嘉勸他來法鼓山參加三天的禪修生活，但是以他身為閣揆身分的人，要想找到三天的假期談何容易，所以我用一個多小時的時間，示範了簡單的禪坐方

民進黨前主席施明德（中）來訪。左為惠敏法師。

前臺灣省長宋楚瑜來訪。

法，主要的是能夠隨時放鬆頭腦、放鬆心情、放鬆肌肉神經。蕭先生練習片刻之後，就已經感覺到禪坐對於安定身心的好處。

這些高層次的政界人士，雖然各有不同的政治立場，在跟我見面的時候，讓我感覺到他們都是有心於心靈修養的人。他們對我相當謙虛，只是單獨一人或者最多兩人來跟我見面，沒有驚動到媒體，也沒有大批的隨扈人員。

二〇、「心」五四運動

在八月下旬，有幾項大活動。八月二十一日借臺北市的新舞台舉辦「法鼓山榮譽董事十週年感恩聯誼會暨法行會成立大會」，這是為了感恩榮譽董事聯誼會發起的榮董人數「圓滿一〇〇〇運動達成目標，再向圓滿二〇〇〇邁進」。八月二十二日，借臺北林口體育館舉行舉辦「祝福平安滿人間——法鼓山一九九九全球會員代表感恩大會」，同時在會中與多位貴賓，共同揭示了二十一世紀人類生活新主張——「心」五四運動。八月二十四日，在農禪寺隆重召開「第一屆法鼓山全球僧團大會」，共同討論法鼓山未來的發展方向，以及朝向制度化、國際化的具體方法。由於這次的大會，使得法鼓山的僧團凝聚力和向心力增強很多，同時也討論出了僧團制度的草案，預備在第二年的代表大會中通過實施。

八月二十七日的下午，為了響應臺北市政府社會局改善禮俗的號召，由我和臺北市長馬英九先生，在臺北市第二殯儀館景行廳舉行純佛教的中元普度法會，現場沒有焚燒冥紙，也未供牲品，而以鮮花、素果取代。馬市長非常肯定法鼓山多年來提倡的「禮儀環保」運動，他說：舉辦這次中元普度法會的意義，正是希望達到移風易俗的目的。

最大的活動，當然是揭示「心」五四運動的全球會員代表大會。當天與我共同上台，揭示這項標語的貴賓，包括了副總統連戰、行政院長蕭萬長、總統府資政吳伯雄、臺灣省主席趙守博、桃園縣長呂秀蓮、勞委會主委詹火生、陸委會主委蘇起以及青輔會主委李紀珠。每當台上的貴賓們逐一從手中展出、口中念出一項標語的同時，會場的另一端上空，也配合著特殊設計的爆破效果和從頂垂下的巨型文字布幕，為當天的活動掀起了高潮。

所謂「心」五四運動的內容，包含：四安、四要、四它、四感、四福，配合法鼓山的大普化、大關懷、大學院三大教育而成為全面的教育，總體而言，就是「精神啟蒙運動的生活教育」。這是我們法鼓山多年來的努力所累積而成的具體教材。從最初只有一個「心法」，漸漸地有了「心靈環保」，再發展成「心靈、禮儀、生活、自然」等四種環保。接著就陸續出現了「心」五四運動，目的是在完成四種環保與三大教育。這是我歷年來佛學講座的主題，是為了淡化佛法玄深化、神奇化、

法鼓山一九九九年全球會員代表感恩大會。

流俗化的色彩，使佛法讓人一聽就懂，一懂就可以運用在日常生活中，以達成入世導俗、淨化社會的目的。

所謂「心」五四的內容：

（一）四安——1.安心：在生活中的少欲知足。2.安身：在生活中的輕鬆自在、日新又新、勤勞儉樸。3.安家：在家庭中的相敬、相愛、互助、互諒、彼此學習。4.安業：在身口意三種行為的清淨精進。

（二）四要——1.需要的才要。2.想要的不重要。3.能要、該要的才要。4.不能要、不該要的絕對不要。

（三）四它——1.面對它：正視困境的存在，不逃避不畏懼。2.接受它：接受困境的體驗，不怨天不尤人。3.處理它：用智慧處理事，以慈悲對待人。4.放下它：盡心盡力做好，結果如何不再煩心。

（四）四感——1.感恩：凡是提供我們成長因緣的古今中外的聖者、智者、賢者、仁者、父母、師長、國家民族、大地眾生，都是感恩的對象。2.感謝：凡是給我們有歷練機會的順境、逆境，都要至誠感謝。3.感化：用佛法的智慧之言及慈悲之教，感化自己。知慚愧、常懺悔，學做無底的垃圾桶，效法無塵的反射鏡。4.感動：用以身作則的行為，凡事從自己做起。以勤勉、謹慎、恭敬、謙虛、寬容的態度，感動他人。

（五）四福——1.知福：知福才能知足，知足才能常樂。2.惜福：珍惜擁有的身心和環境，乃至一滴清水、一麥一米、一口呼吸。3.培福：不論福多福少，享福便損福，培福才有福。4.種福：自覺福少，當常常種福，時時種福，人人就有福。

它的意義，我有一篇講詞：「心五四運動的時代意義」，刊登於《法鼓》雜誌一一九及一二〇兩期，這就是我們推廣「人間淨土」的具體行動。所以我說「心」五四運動，是為了淡化宗教色彩，而能入世化俗；充實佛化精神，又可普及於人間。運用心五四的方法及觀念，落實於日常生活，從每一個個人，推廣到每一個家庭、校園、社區，至於全世界。為了便以記憶，另以簡化方式濃縮如下：

「心」五四運動——二十一世紀生活主張：

（一）四安——提昇人品的主張
安心：在於少欲
安身：在於勤儉
安家：在於敬愛
安業：在於廉正

（二）四要——安定人心的主張
需要的不多
想要的太多
能要該要的才要
不能要不該要的絕對不要

（三）四它——解決困境的主張
面對它：正視困境的存在
接受它：接受困境的事實

作者和與會貴賓共同揭示「心」五四運動的標語。

處理它：以悲智處理困境
放下它：處理後心無牽掛

（四）四感——與人相處的主張
感恩：使我們成長的因緣
感謝：給我們歷練的機會
感化：用佛法轉變自己
感動：用行為影響他人

（五）四福——增進福祉的主張
知福：是最大的幸福
惜福：是最好的儲蓄
培福：時時都有福
種福：人人都享福

目的——完成四種環保
心靈環保：保持我們心靈的平靜與明淨
生活環保：保障我們生活的整潔與儉樸

禮儀環保：保護人類社會的尊嚴與謙和
自然環保：保全地球生態的共存與共榮

當天在開幕詞中，也說因為我們所提倡的「心」五四運動，是不分宗教、種族、年齡，所以適合於全世界的每一個人。在連副總統的致詞之中也說：「現今在這個跨世紀的關鍵時刻！聖嚴法師為回應世紀末人心與社會的困境，綜合十年來法鼓山推動『人心』教育的累積經驗，推出『心』五四運動，期望為未來新世紀人類生活的安定與秩序，貢獻精神指導方向，同時透過三大教育的具體落實與心靈環保、禮儀環保、生活環保、自然環保等『四環』的推動，為未來人類奠下美好的心靈與精神淨化的新生活主張。」

當天蕭院長在致詞中說，他對在「心」五四運動之中的四它，感受特別深，每當碰到問題時，總是試著運用「面對它、接受它、處理它、放下它」，這對他的幫助特別大。呂縣長也祝福「心」五四運動永續發展。許信良先生也說：面對世紀的開始，人類的文化走向，應該走向佛陀的理想，而今天聖嚴法師在這裡所提出的「心」五四運動，正可以做為新世紀人類的行為規範。

二、齋明寺晉山

九月十一日上午，在桃園縣大溪鎮齋明寺舉行第七任住持晉山典禮。由於那是一座有一百五十年歷史的古廟，已被國家列為三級古蹟，它在臺灣佛教的發展史上，占有一席地位。當古廟晉山的消息傳出，法鼓山信眾都想參加這項難得一見的盛典；為了不使當天的場面過分擁擠，所以把它界定為桃園地區的活動。法鼓山體系下的全國各地單位，只能派遣主要的負責人代表出席。因佛殿容納的人數有限，所以租借了可容納六百人的臨時性巨蛋型帳篷，做為典禮的會場，當天前往觀禮的有一千多人。其中的貴賓，除了為我送坐的前中國佛教會理事長悟明長老之外，不論僧俗都是桃園當地的人；其中包括縣佛教會常務理事界雲法師，以及本地選出的各級民意代表，例如立法委員鄭寶清、邱創良、鄭金玲、朱鳳芝，以及桃園縣議長林傳國、桃園縣長呂秀蓮的代表工業策進會總幹事盧孝治等。

當天的儀式分成兩個部分。首先在大殿上供，以及正式的就職登位，是由農禪

齋明寺晉山典禮。左起分別為江張仁居士、悟明長老、作者。

寺全體僧眾帶領唱誦的儀軌。三十多位重要的貴賓，在一側觀禮。由於大殿的空間太小，所以大鐘和大鼓以及多半的僧眾們，都站在殿前露天的庭院中央，由於烈日當空，大家必須戴上斗笠。

第一階段的儀程結束，就被引進到第二會場巨蛋型的帳篷內。儀典的籌備小組，為了加強隆重莊嚴的氣氛，借來了三把泰國僧王才能用的大傘蓋，由三位男眾居士撐著，依次為我們主持典禮的三人護駕前行。原任的住持江張仁居士在前，悟明長老居中，由我殿後。在兩個會場之間，雖然只有幾十公尺，像這樣的場面，在我們法鼓山，甚至臺灣的北部，尚屬首見。進入第二會場之後，我們魚貫上台，三人分別就座，接著就請悟明長老致詞。他對我個人讚歎備至。我和他的關係是多重的，他是我求受具足戒的陪堂師，我一向稱他為師父，他也視我為弟子，現在也是我們中華佛學研究所的董事。雖然已經八十八歲高齡，只要我有所請求，總是有求必應。他在致詞中強調，這次的晉山典禮不僅是佛教界的大事，也是國家大事，並表示，如果每一個佛教道場都能有一位傑出的法師來弘揚佛法，這個地方將會非常安定。而以法鼓山在社會、國際上的聲望，將來一定也能將齋明寺拓展為國際性的寺院。接著就由前任住持八十二歲的江張仁居士，發表簡短的歡迎詞，題為「歡喜法鼓山的接任」，內容如下：

聖嚴法師、悟明長老、諸位貴賓、諸位法師和諸位居士：阿彌陀佛！

今天，本人抱著感恩的心、歡喜的心來參加這個晉山典禮的盛會。感恩齋明寺原有信眾過去對齋明寺的護持，以及對本人的協助與支持。歡喜的是聖嚴法師願意接辦齋明寺，使齋明寺得以回歸正信禪寺，有了革新再造、永續發展的契機，這正是我多年的心願。自從今年一月二十二日交接以來，齋明寺的軟體、硬體均已有很大的進展，相信在聖嚴法師的領導下，法鼓山僧團的努力下，義工菩薩的護持下，齋明寺成為弘揚正信、正行的佛教道場是指日可待的。敬祝各位平安健康、萬事如意。阿彌陀佛！

當天氣候相當炎熱，帳篷內雖然裝有很強的冷氣，禮台上卻有強烈的燈光，比起帳篷外的太陽，還更具有威力，所以悟明長老致完詞，馬上移位坐到台下的信眾席位上去了。我對於這位原任住持江老居士，請教他是否也要坐到台下比較涼爽的席位上去時，他說：「沒有關係，還忍受得住。」他身上穿著厚重的禮服，其實是抱病參加，可見他把這場典禮看得非常重要。等到數位貴賓致詞完畢，我以簡短的感謝詞向大家表示無限的感恩，前後的儀程經過兩個多小時。他一直陪我完成儀式，進入齋堂坐定用齋時，才向我說：「肚子不舒服，不能奉陪。」先行離席要去休息，而他就因此臥床不起，住進醫院。到了九月二十三日，終因心肺衰竭，而捨壽往生，大家都說他的願心已了。他是民國二十八年（西元一九三九年）九月十二日接任，到今（一九九九）年的九月十一日，恰好是一甲子六十年整。

我當天所致的謝詞，大意如下：

接任齋明寺是一個奉獻、服務的機會，法鼓山不僅將謹慎地保存原有的文化古蹟，並將結合宗教、文化、教育等功能，讓齋明寺從地方性的寺院拓展為全國性，甚至是世界性的佛教寺院，也讓世界各地到此參訪的人士不僅感受到臺灣佛教的文化氣息，也能將佛法帶回去。

同時，我也感謝江老居士以及齋明寺的全體信眾代表們，能夠以無私的心，讓齋明寺回歸僧團。有關於齋明寺的歷史和現狀，以及江氏的家族等對齋明寺的貢獻，已經刊登在《法鼓》雜誌一一四期，一一八期也有大篇幅的詳細報導。同時在一二二期，也刊出了江老居士么女江金曄的一篇紀念文：〈記生命中一段源、緣與圓——齋明寺移交周年感言〉，其中有三段表達江氏家族心聲：

這幾年來，疲於應付父親的病痛，忙於解決齋明寺的問題，常覺得自己苦命、勞碌命；但在親近法鼓山，接觸正信佛教之後，已逐漸改變觀念，是過去生的因緣，讓我生長於齋明寺，且身為么女又未婚，才能在父親年邁最需要協助的時候，給予他最直接的協助，幫助他完成齋明寺寺產的正名手續，輔佐他達成將齋明寺回歸正信禪寺的歷史使命。

齋明寺自清朝道光末年創立迄今，已跨越了清朝末年、日據時代和民國八十八年三個時期，一百五十餘年期間，應化利生，隨著宗教的發展和時局的變遷，三易寺名、三承法脈，去年更轉由法鼓山創辦人聖嚴師父接任第七代住持兼管理人，展開新的一頁。齋明寺的沿革在臺灣宗教發展史上，堪稱深具意義。……

一九九九年是齋明寺巨大變動的一年，除了前段所述之外，原住眾陸續往生三人，其中家父的往生，令冥頑的我也不得不相信因緣。父親於一九九〇年十一月罹患結腸癌、一九九七年九月罹患鼻咽癌，病痛纏身，卻能支撐到一九九九年九月十一日聖嚴師父的晉山典禮，且能清晰沉穩地致詞。典禮結束後的下午身體即不適住進醫院，卻在發生九二一大地震後的二十三日便往生。……

齋明寺有了圓滿的承續，心繫多年的煩憂——齋明寺何去何從，已有了圓滿的結果。接下來的……該是自己應發心學佛和繼續護持齋明寺吧！

我在今年元月二十二日，由桃園縣佛教會理事長如悟法師，以及桃園縣長呂

秀蓮女士的監交下，接受了齋明寺住持任務。為了要對該寺的內外環境規範整修清理，所以到九月十一日，才舉行正式的晉山典禮。我請郭永森居士協助監院果建，把庭院規畫得更整齊、更明朗、更整潔、更幽雅，同時把廚房、齋堂、講堂以及兩個廂房，粉刷的粉刷，整建的整建，從地面到樑柱牆壁，經過半年多的整頓，都能夠令人有耳目一新之感。

齋明寺原來是一位出家的法師所建，後來成為齋教徒子孫相傳的家廟。到了第四任住持江普梅居士於民國十五年（西元一九二六年），傳承鼓山曹洞宗的禪修法門。到了日據時代的第五任住持江普乾居士，也就是江張仁的父親，由於為了避免被以宗教組織抗日的「西來庵事件」所牽連，而與日本的曹洞宗建立了關係，對內還是以鼓山派曹洞宗為依歸。它的原名叫作「福份宮」，後來改名「齋明堂」，最後更名「齋明寺」；這也就是江金曄小姐所說的三易寺名、三承法脈。

目前江老居士的兒女都已不住在寺院了，也都有相當穩定的職業，有的也已退休而且兒女成群。他的弟弟江守德居士本來也有人建議他接任住持，他卻沒有私心。原來他的姪兒也住在寺內，為了配合法鼓山僧團生活的便利，所以也搬了出去。如今只留下了三位老人：一位是前任住持的夫人，兩位是前任住持的胞妹和堂妹，現在都已經成了法鼓山的信眾，熱心地護持三寶，幫忙照顧前來齋明寺共修的信徒。

而我們法鼓山一向沒有接受已經建好的寺院，特別是有了年代的寺院，因為總會有一些問題難以處理。可是我們接下齋明寺之後，雖然也有跟一、兩位原來信徒代表之間的想法有些出入，總算是平穩地走了過來。因為我們是為三寶、為齋明寺及當地的民眾，做奉獻、做服務，沒有想到要從齋明寺得到什麼利益。各項法務是法鼓山的僧團派遣人員在運作，它的財務則是完全獨立，它永遠是屬於齋明寺，而不是併歸法鼓山的。

二二、百年大地震

一九九九年九月二十一日，對臺灣來說，是代表著大災難的一個日子。它奪走了二千四百多條人命，讓數十萬戶人家在一夕之間，或家破人亡，或流離失所，使得整個臺灣兩千三百萬人口，投入緊急的救災行動；同時，也使得全世界都向臺灣伸出救災的援助之手。我們法鼓山全體的僧俗四眾，自然也不例外，從那一天清晨開始，一直到現在，甚至於可見的未來幾年之間，要持續推動災後人心重建的工作。

這次的大地震，發生於九月二十一日的凌晨一點四十七分。當時我由於身體健康欠佳的關係，正在北投山上中華佛教文化館靜養。地震發生的當時，我在睡夢中被驚醒，下意識地體會到一定有很大的災難發生了，這時電燈、電話全部斷線。我是不會看電視和聽收音機的，因此不太清楚外邊發生什麼狀況。早上五點，想要跟各方面聯絡，都不得要領，只好親自在六點多至基金會辦公室。首先找到副執行長

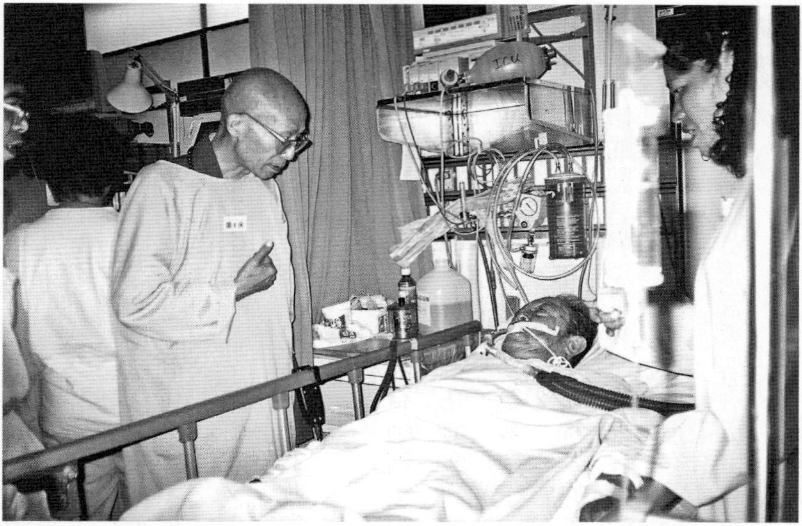

作者探視「博士的家」的傷患。

果肇比丘尼，七點多，祕書長戚肩時也趕到了基金會，向我報告狀況，已經知道新莊市的一棟叫「博士的家」的大樓，倒塌之後，有許多人罹難。

還有臺北市有一棟房子「東星大樓」，也全部震塌，傷亡的人數相當嚴重。同時，也知道有我們法鼓山的信眾，自動自發地趕到了這兩棟震塌大樓的現場，從事慰問和搶救的工作。

對臺灣中部的狀況，由於聯絡不上我們當地的信眾，所以也無從指揮工作和了解狀況。當時我想找到法鼓山福田會的成員，一同前往災區現場關懷，但是大家都非常地忙碌，無法前來。此時，大家都在使用大哥大互相找人，但也不是相當地靈通，好像有線電話中斷之後，無線電話也有了故障。
因此，我決定親自去災區的現場一趟，了解實際狀況之後，再行處理如何進一步地投入救災的工作。由於東星大樓的現場，唯恐發生意外的危險，被緊急救難的單位封鎖，所以我們的信眾在它的對街，設立了一個服務的攤位。他們勸我不要馬上過去。我僅草草地吃了一點東西之後，就帶著副執行長、祕書長、機要祕書及駕車的侍者等五人，到了新莊。因為那兒已經有我們數十位信眾，在參與救災及助念的服務。
在距離「博士的家」尚有兩個街口，車輛已經無法前進，只見到滿街的人潮，正湧向塌樓的現場觀看，不知道他們是抱著什麼樣的心態，好像只是為了看熱鬧，而不是為了救災。為了不妨礙救難工作的進行，所以陸軍單位已經派人把現場附近兩條街的範圍內，都列入禁止進入的危險區。本來我們也被擋在警戒線外，恰巧被一位媒體的記者發現了我，就把我們帶到救災指揮中心。那兒的負責人是一位上校軍官，知道我是聖嚴法師，便很客氣地告訴我救災的狀況。當時還有好多人被埋在倒塌的樓層底下，家屬們等在外面，非常地焦急和痛苦，要我去安慰他們。
有幾十戶人家，是從那棟大樓裡邊搶救出來的，有的還有親人正等待著被挖掘搶救，有的是親人重傷送去了醫院急救，他們似乎失去了一切的希望，而被安置在鄰近的一座學校裡，並希望我去一一的安撫和慰問。接著趕到了臺北省立醫院，由院長陪同走過一張張的傷患病床，我只有為他們祝福慰問，為他們祈禱，早日康復，並且鼓勵他們要努力地活下去。然後又到了板橋殯儀館，見到了許多罹難者的遺體，以及痛哭失聲的家屬；我為亡者念佛，也勉勵家屬們念佛；這時候，既為亡者悲傷，更為那些罹難者家屬難過。當發現他們對著我哭泣時，我也很想陪他們一起哭，但是想到自己是位宗教師，是來慰勉他們的，所以強忍著眼淚，只是默默地念佛。我發現對於我的慰問，為他們帶來了勇氣和心理的安定。這證明在苦難臨頭的時候，宗教信仰的力量是非常重要的。

我在行程中，用大哥大手提電話跟中華電視台的總經理楊培基建議，我們法鼓山願意拋磚引玉，捐出新臺幣五百萬元，做為救災之用。也請該電視台為全國同胞全面地響應救災的運動，慷慨解囊。因此，當天該電視台不斷地播出呼籲捐助救災工作的臨時廣告，其他各家的電視媒體，也在不斷地播出號召參加救災、勸募救災。

當天我從災區慰問後回到基金會時，已是黃昏時刻，我們只能用微弱的手電筒來做為室內的照明，召開了一次賑災會議。我做了幾項重點的指示，由僧團、基金會、護法會全體總動員。重點有三項：1.成立指揮協調中心；2.護法體系十月份的勸募工作全力投入九二一救災募款，專款專用；3.我親自到中部災區慰問。

九月份，我到中部災區去了兩趟。第一趟是九月二十二日，首先至臺中縣豐原市的救災中心，以及當地醫院的急診病房，巡視了在庭院中臨時停屍的帳篷；然後又到臺中市立殯儀館。滿處看到的都是遺體，還有些被曝曬在炙熱的陽光下，已經有些腐臭。為了希望得到更多的冷凍貨櫃，來停放罹難者的遺體，我就打電話到長榮海運公司，請求支援，他們的副總裁鄭深池回答說，他們已在全力以赴配合救災。同時，臺中市政府的官員，也在擔心著罹難者的家屬，會要求擇日火化或者土葬，增加許多人力、物力的負擔。尤其在大熱天，遺體容易腐臭，恐怕會惹來瘟疫。我就要他們透過當地的電台，把我的話傳達給全體的民眾說：「根據佛教的信仰，只要虔誠恭敬，不必一定要選日期；莊嚴隆重的念佛誦經，隨時火化，都能夠使得往者超生。」因此，罹難者的遺體幾乎全數採用火葬，而且沒有經過擇日選時的手續。

當天下午，我到了南投市立殯儀館，以同樣沉重的心情，為亡者祈禱，給生者安慰。晚上又趕到中興新村做了慰問之後，就連夜趕回臺北。二十三日，一連召開了幾次的會議，其中最重要的是災後人心重建的會議，除了僧團、基金會的各部門主管之外，也邀請到法行會和法緣會的相關專業人士，共同商討。我首先向與會的人員報告了二十二日中部災區的所見所聞，對於中部地區的護法信眾，能夠自動自發地以受災戶來從事於救災工作，實在非常地感動。其中有三點特別感到稀有難得：

地震發生後，義工便自動自發在南投高中設立臨時指揮中心。

（一）「大潤發」批發公司，無限制地供應法鼓山需求的救災物資，大量供應食物、飲料等生活用品，免費地用卡車送到災區我們所設服務站的現場。

（二）我們有幾位信眾，主動地在南投高中體育場，擺設了一張服務站的桌子，就有許多送救濟物品到災區的善心人士，將東西交給法鼓山服務站來處理，然後由救難隊的人員將物資送上災區的災民手裡。同時也由我們的信眾透過當地的鄰里關係，快速地達成救急的任務。我也看到了當地的幾位義工們，就在我們的服務站，埋鍋炒菜、煮飯、下麵，供應大群無家可歸的災民。

（三）當地法鼓山的信眾們，主動地參與為亡者助念的行動，他們交替著往返於殯儀館及醫院罹難者遺體的場所，不眠不休，這並不是我們法鼓山指揮部門所發動的。但是從物資的救濟到人心的重建，往後還是必須要有組織計畫，應該有一系列的規畫。

我提出了一句非常重要的呼籲：「房子倒了，但是人心不能倒！」大地震之後，物資的破壞和缺乏，當然需要由大家來及時照顧支援，至於人心的不安、恐懼、憂慮，則需要長時間來輔導恢復。因此，我們做了幾項構想：1.印製「安心服務手冊」；2.訓練安心服務的人員；3.透過各項媒體，做車廂、燈箱、電話卡的廣告，以及安心短片等，打出救災的標語，介紹安心的觀念和安心的方法。以我的觀察，災區雖然只是臺灣中部及北部的幾個點，受到影響的卻是臺灣全體的人民，所以希望大家都用關懷災情，投入救災，來治療自己受災的傷痛。

九月二十四日，是中秋夜，原先準備在法鼓山舉行擴大的中秋晚會，我臨時交代僧團和基金會，把中秋晚會改為三時繫念超度法會，來超薦九二一大地震全國罹難的菩薩們，當天有兩千多人到場。因為我們沒有通知各級政府首長及媒體記者，所以外界並不知道我們這麼快就舉行了一場超度大法會。

那幾天，我的身體始終很不舒服，同時又加上齋明寺原任住持往生，我必須前往探視，以及召集他們的家屬商討料理後事的種種問題。我是一切尊重他們家屬的意見，法鼓山只是配合著將事情辦好。雖然他的家屬對我們沒有太多的要求，畢竟他是原任住持，我是現任的住持，必須為之辦得隆重莊嚴，讓往生者有尊嚴，讓家屬有安慰，所以我們就以這次的三時繫念，完成了這兩項任務。除了超薦地震罹難的亡者，也是為了江張仁居士的往生而代為他廣結善緣，於是就請他的家屬做為當天齋主的代表。

我從當天早晨到下午，主持了好多場會議。下午的三時繫念法會登壇時，由我做了開示之後，還來不及用晚餐，我就立即驅車前往臺中的災區，因為那邊還有一個重要會議等著我去主持。

一則則公益廣告，刊登作者的法語，提醒人心更堅毅。

晚上七點左右，我召集了中部地區各位從事救災義工信眾代表，聽他們的報告，發現有許多的狀況需要馬上處理、立即支援。我帶著法行會的劉偉剛、護法會的陳嘉男、福田會的王景益，還有基金會的果肇師，以及另外幾位僧俗弟子去赴會，指示了馬上辦的處理方式，讓需要支援的地方，即時得到幫助。例如聽到說需要四輪傳動的車輛，才能夠把救援的物資送進路面已經受到破壞的災區，這原本是相當困難的事，結果在幾分鐘之內，就由劉偉剛菩薩向他中部的朋友調動到五十輛，而且都有司機。另外，聽說全臺灣的帳篷，全部已經被蒐購完了，而災區的災民就怕馬上下雨，因為還有許多人是睡在露天的馬路邊上。我就交代，必須想盡辦法找到帳篷，不計代價，結果居然找到了六百頂，雖然是舊了一點，在第二天，就迅速地送到災戶的手上，這真是一項大功德。

同時我對於以臺中分院為中心的中部地區信眾們，能夠對救災工作如此地投入，而且做得那麼周到，表示十分感謝。由於我們以往沒有應變救災的經驗，所以顯得上下的指揮系統有些凌亂。以後可以把中部的經驗，整理成為工作的檔案，以備未來法鼓山全體的參考。當晚一直到了十一點多，才讓我休息。

九月二十五日一大早，由當地的居士陳治明、王崇男等開車帶我們向東勢鎮大雪山方向出發。過了豐原，進入石岡，就看到怵目驚心的景象，沿路許多的店面、住宅，都已塌倒毀壞，道路、橋樑全都凹凹凸凸。到達大雪山，看到整條街的房屋，已全部倒塌，沒有一戶能夠倖免。然後到了救災指揮中心，救援的物資堆積如山，這都是代表著全國上下對於災民關懷的心。然後到達東興國中，看到一群穿著法鼓山義工服的菩薩們，但都不是我所熟悉的人，一問之下，才知道前兩天法鼓山有一隊從臺北來的義工，支援當地的人士，指導他們自己組織成為一個義工服務隊；也就是說，臺北法鼓山的義工隊把當地的人士，在一天之內，訓練成就地取材的義工隊。像這種技術和觀念的支援，則是另一類的救災行動了！這是我沒有想到的事。然後我就訪問了災民臨時居住的區域，並且慰問受傷情況較輕而未住院的傷患。

接著我去慰探災情非常嚴重的「王朝大樓」，它已全部橫向倒塌，死傷人數很多，雖然已經過了四天，搶救的工作還沒有停止。我們看到一隊俄羅斯來的救難人員，正在那兒進進出出，若干生還的家屬，還在那邊苦苦地等待著失蹤親人的消息。

我這幾天，每到一個災區，都會被媒體發現，所以不斷地會在電視及報紙上，出現我到災區關懷的鏡頭；相反的，許多媒體希望為我寫採訪的專題報導，都被我婉謝了。因為我實在沒有心情要對媒體講什麼話，除了為亡者哀傷祈福，為生者安慰禱告。我通常都是用一句話：「要為罹難的菩薩祈禱，要為受災的菩薩伸出溫暖的手。」來回應記者的要求。那天在王朝大樓前面，我也對一些媒體做了同樣的呼籲。

那天在當地，有好幾百具遺體要入殮，就請我們法鼓山臺中分院的菩薩們，主持了這項儀式。有生以來，我見過的遺體數量已經不少，可是在這五天之間所見到的遺體，可能要超過我一生所見的總數；所謂國土危脆，人命無常，在這幾天的感受特別深切。

說起為罹難者超度的佛事，原來在南投、臺中、臺北的地方首長們，都有跟我們接觸，希望我們能夠承辦大型的法會。後來由於佛光山、中台山、靈鷲山等大道場，都主動地跟政府接觸，願意承辦，所以我們除了農禪寺的三時繫念，只做了小型的、個案的法會。在那一段時間，我們法鼓山的僧團雖然也辦了十幾場超度活動，以及數十次助念關懷。但是，在大眾傳播的媒體上是看不大到的，所以在那一段時間法鼓山給人的印象，非常明顯地是跟其他幾個較大的佛教團體，有所區隔。那就是我們所做的，是側重於人心的重建、精神的安慰、觀念的矯正，雖然我們也做了物資的救濟、法會的支援，在形象上應該是屬於更重視精神和心靈層面的團體。

這是因為二十三日那一天，所召開的人心重建會議中，請到了法行會的幾位專業人員王俠軍、段鍾沂、喻淑柔、楊慧華、張葆樺等。他們都是從事於廣告、傳播、藝術以及社會活動的專家，每一個人都有相當的創意和智慧，他們想出了好幾個可以實施的案子：

（一）成立安心服務團，由張葆樺擔任團長，林知美擔任副團長。

（二）由王俠軍和張光斗去日本，邀請研究阪神大地震的專家學者，來臺灣傳授災後人心重建的經驗。

（三）由段鍾沂去接洽各家立體和平面的媒體，以顯著的大幅廣告，刊出我的法語「台

以作者法語編印而成的安心卡。

灣，加油」。

（四）接洽跟公共廣告相關的信眾，在各大公共場所，運用我的法語，免費提供車廂、燈廂、電話卡廣告及安心短片。

（五）由楊慧華、楊蓓及朱德庸策畫，用我的法語，加上朱德庸的漫畫，楊蓓的心理輔導原則，編印「安心手冊」及「安心卡」。

後來這五個項目經過接洽之後，只有第二項未能實現。其中的安心服務團，訓練了三個梯次，有八百多人；安心手冊及安心卡印了一百萬份；「台灣，加油」的廣告影片及廣告版面，在各大媒體播出和刊出，都是出現在重要的時段及主要的版面，並且是密集而連續的播出和刊出。

因為用的是大眾傳播媒體的廣告資源，為了避免引起非佛教徒的反感和心理的不平，所以在我的這一

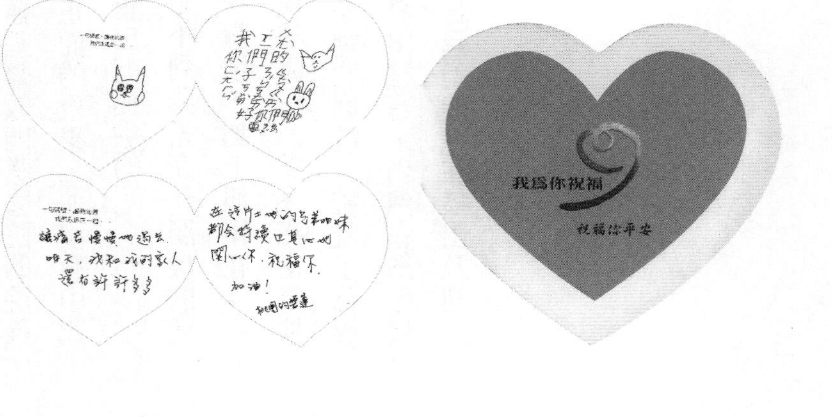

波廣告播完之後，也邀請中央研究院院長代表知識界，花蓮基督教門諾醫院的院長代表其他宗教，以同樣的時段和版面出現。結果除了收到正面的效果，並沒有引起負面的議論。這個活動，是由臺北市廣告代理商業同業公會出面提供的。

「台灣，加油」那一段廣告詞的拍攝及製作，大家想不到我是在什麼樣的狀況下完成的。我在前面說過，那一陣子身體的健康出了些麻煩，加上連續在災區奔走、策畫救災的活動之後，在九月二十七日住進了榮民總醫院。當天在密集地為我做全身逐項檢查之後，擠出一個半小時的空檔，就在榮總的庭院，接受了錄影訪問。我的身體非常虛弱，頭腦不聽使喚，喉嚨也不容易發出聲音，仍然在錄影機前，一次又一次地要我說出一段「台灣，加油」的話來，經過剪接，在播出及刊出的畫面上，是這樣的十二句話：

我們什麼都損失的時候，
你還有一口呼吸，
表示說你還非常的富有。
在受苦受難當中，

還能夠把自己的苦難放下，
還能夠幫助他人、利益他人，
那就是大菩薩。
事情已經過去，
我們一定要面對現實，
樂觀奮鬥，
這次在災難之中，
受苦受難的人都是菩薩們。

因此在十月上旬，各家的媒體也對我做了密集的專訪報導，包括電視、電台、報紙、雜誌，其中有一篇是《中時晚報》記者陳世財所寫，於十月六日刊出，題為「災後台灣，安心第一」，相當感人。它的第一段是這樣說的：

九二一大地震的所有罹難者是大菩薩、是老師，用生命做為教材，現身說法，代替二千二百萬的台灣人受災受難，救了我們下一代；我們應該從過去的錯誤中學習重生、感恩，讓社會充滿祥和與善良。

後來在林口體育館，於十月十一日由國家主辦的「九二一大地震全國追悼大會」中，李登輝總統以元首的身分致詞，首先引用了一段基督教《聖經》的話，接著就引用了我上面所說的一段話。萬想不到，李總統把我說的一段普通人的話，跟基督教的《聖經》同時運用，應該不是因為我個人的關係，而是讓這一段話代表佛教的立場，對受難者的關懷，所以沒有用我的名字，只說是一位佛教界的領袖所說。後來在美國《世界日報》有一則小方塊的文章中提到我以上的這段話，雖認為不是佛教的思想，但是運用得很好。其實，這就是大乘佛法的觀念，與一般所說因果的思想略為不同。

一三、中部寺院的災情

十月三日星期天，上午在農禪寺照常講《楞嚴經》。下午四點，我對僧團內部召開了一次臺灣中部受災寺院如何關懷的會議，決定親自前往一趟。雖然在此之前，已經派了幾批僧俗弟子到各寺院訪問，也代表我致上關懷的心意，但在實質上還沒有做任何的表示。因此，決定當天連夜帶著都監及諸位監院和機要祕書，開著兩輛車，帶著若干食物和飲料，並且由管財務的人員攜帶支票簿一本，準備去做雪中送炭的慰問之行。

晚上九點，抵達南投埔里慈光山地藏院。在沒有燈光的照明下，僅憑著天空的星光，看到該院的門前廣場，有幾座帳篷。聽到我們的車聲，由帳篷中出來幾位青年居士。由於餘震不斷，房屋隨時仍會有倒塌之虞，他們還不敢住進室內。但是該寺的幾位法師倒不害怕，照常住在牆壁已經有些破裂的建築物內。因為沒有電，所以由一位居士把我轉彎抹角的，摸黑帶到了當家師大願法師的寮房。他正在把他的房間整理出來讓給我住，看到我非常歡喜，同時對我們做了有關該寺災情的簡報，讓我們知道地藏院的大殿牆壁破損得相當嚴重，好在柱子沒有折斷，佛像也沒有倒塌，其他的寮房建築損失還算輕微。

但是，他們位於日月潭魚池鄉的本山文殊院，則幾乎全部倒塌，需要拆除重建，所幸全寺的人員都還平安，沒有任何傷亡。當時他們只想到如何安置人員的住宿、飲食的問題，還沒有想到要如何的重建。他們看起來，並沒有覺得沮喪、哀嘆，反而充滿了信心和願心，而且也在帶著僧俗四眾，從事救災工作；這使得我放心，同時也讓我非常佩服。到了十點多鐘，就在手電筒的照明下，把其他幾位我的隨從人員分別安置之後便休息了。當天夜裡，還曾一度被地震搖醒，對我來說，並沒有什麼可怕，所以很快就繼續睡著了。

翌晨五點起床，寺中照樣做早課，我在禮佛之後，他們的住眾正式在佛殿列隊，為我接駕，我簡單地向他們說了幾句慰勉的話。因為慈光山的開山聖開法師，也是先師東初老人的弟子，比我出家晚了幾年，已經在美國的分院圓寂，現在是由他的弟子們負責法務，所以大家都尊稱我為師伯。我既然是他們同一法脈的長輩，為了表示實質上的慰問和關心，當場開了一張新臺幣一百萬元的支票，為他們壓驚和勉勵他們從廢墟中站起來。

用了簡單的早餐之後，就由大願法師陪同我們訪問附近的中道學院。那是我的老友真華長老的道場，我去訪問是有兩項原因：第一當然是去探訪災情；第二是在震災之前，真老遇到了麻煩，佛教界被鬧得滿城風雨，所以我去給他鼓勵，勸他以無為無事為上策。不過我看到他的道場牆壁雖有些裂痕，並不嚴重，雖在地震之前惹上了一場無妄之災，他的健康還很好。我在那邊小坐片刻，並奉上一份供養，就放心地離開了。

站在中道學院大殿前，可以非常清楚地看到在他們對面的山坡上，有一大片巍峨雄大的建築物。真老告訴我那是惟覺法師的中台禪寺，正在建築之中，已有一千多位出家弟子，這是近十多年來，成長得最快、影響力很大的佛教團體。在法脈上，跟我也有一些關係，同是靈源老和尚的弟子，他的年齡比我略長，跟靈源老和尚接上法緣，我則比他早些，現在他的影響力又比我大一些，感化的力量是我所不及的。災後我也派人去看過，聽說只有一座僧寮有些受損，主建築物以及全寺上下的僧眾，都很平安，所以災後他們也全力投入救災的工作，我就不去錦上添花了。

作者探視靈巖山寺受災情形。

在上午八點，到了妙蓮長老的靈巖山寺，由當家師自強法師接待我，並且向我報告震災發生之前，妙老正在加拿大溫哥華弘法。由於該寺在這一次的災變中，所有的主要建築物全部倒塌毀損，為了怕妙老傷心，所以勸他不要回來。這是二十多年來，由這位長老一手興建的一座代表著臺灣淨土宗最大道場的寺院，卻在九二一凌晨的幾分鐘之間，全部毀塌。我看到他們的大殿、天王殿、觀音殿、念佛堂屋頂的瓦片，全部是好好的，就是牆壁支柱毀塌，已不堪使用，為了安全起見，必須拆了重建。我問起他們人員的安全狀況，據說都很平安，但有三件不可思議的事：

（一）當他們常住眾所住的大樓倒塌之時，住眾已經無法奪門而出，只有從二樓的陽台已經破碎扭曲的門窗之間，逃到地面，而且並沒有樓梯、繩索做為攀緣的著力點，從一人多高的凌空降到地面，尤其是對一些女眾來講，應該是個高難度的逃生過程，他們竟然都能平安逃出危樓，沒有任何人受傷。而且當時是在深夜凌晨的兩點鐘左右，電燈的電源已經全部斷絕，僅憑目力觀察以及少數手電筒的照明。真可謂不可思議。

（二）妙蓮老和尚平常居住的開山寮，已像千層餅似的，樓底、樓上、樓頂全部疊在一起，那僅是發生在瞬間的事；幸好妙老出國了，否則根本沒有活命的機會可言。

（三）當家自強法師被強烈的地震驚醒之後，第一個念頭就是想到如何把他所保管的寺產證明以及貴重的文件收拾著帶出危樓。當時已經沒有電燈，也沒有手電筒，可是他看到的狀況，就同白晝一樣，清清楚楚。當他收拾妥當想要離開的時候，就不見光線了，門窗都已沒有辦法開啟，幸好其他的住眾拿了手電筒前來救援，他才從扭曲變形的窗戶內被拉了出來。

類似的奇蹟，我是絕對相信的。這次埔里的災情慘重，傷亡的人數相當多，而這幾年來，埔里已經成為佛教寺院最多的一個城鎮。在這次災變之中，雖然每一個寺院的建築物或輕或重的都有倒塌、損毀、破裂的狀況，卻不論大小寺廟所住的人數多少，都沒有發生僧尼遇難的事件，真是龍天護持。因此，在災變之後，每一個寺院的住眾雖然都已經住入帳篷，還能夠負起救災的任務，協助當地的災民處理精神上的恐怖、不安。甚至將僧眾自己住的帳篷挪了出來，贈送給一般災民居住，也有的向災民送上飲食、醫療、藥品等，充分地發揮了佛教徒濟世悲憫的精神。我給他們送上一點慰問金，但這對於寺院的重建，簡直是杯水車薪。

上午十點三十分，到了臺中縣霧峰鄉光復新村的萬佛寺，它的開山是臺灣現代佛教界非常傑出的聖印法師。在他生前，我們時有來往，這座寺廟在臺中縣也很有特色和代表性，特別是在大殿的頂上，塑有一尊巨大的釋迦牟尼佛像。後來他辦了佛學院，一直到現在，還是一座辦僧教育的寺院。在這次的大地震中，該寺從大門到所有建築物，全部倒塌，真是滿目瘡痍。它的負責人已經是開山的第二代，我不熟悉他們，倒是他們還認識我。

他們全住在帳篷內，臨時搭有一個辦公的處所，尤其是佛學院的學生，在災變之後沒有一人離開，大家都同心協力從事救災工作。對於重建，雖然千頭萬緒，可是大家還是充滿著希望，畢竟是已經出了家的人。從他們的表情上，看不出是在落難之中的驚弓之鳥，倒是因為救災的發心，使得他們更像是菩薩行者，在一夜之間都成長了很多。由於我的慰訪，為他們帶來了許多的鼓勵，甚至留我們在那邊用午齋，可是我並未看到廚房，當然也不知道他們是在那裡用齋了，因此送上一筆慰問金之後就離開了。

本來還有幾個地方需要我去慰問。聽說煮雲法師開山的清涼寺，已全部倒場；另外有一座白毫禪寺，也已不堪使用。可是為了下午兩點必須趕回臺北主持一項重要的會議，所以派了一位出家弟子帶著支票，代表我去慰問。結果在清涼寺見到了住持慧顗法師，而白毫禪寺已經無人駐守。

由於災難已經過去了十多天，大家的心情也能從驚慌而變得略為平靜，但也有些是從恐懼而轉為無奈。唯有各道場，雖然遭逢了一次大劫，卻有劫後重生的信心和願心。我個人和我們的團體力量很小，能做的事情不多，平常和全國各道場，由於都在努力推展法務，非常忙碌，所以也很少彼此接觸、互相來往。但在我心中的佛教，是整體的、是全部的，而不僅僅是我們法鼓山這個團體，才是我所關心的。

所以經過這次震災，我在慰問了中部若干道場之後，感到十分地欣慰，畢竟臺灣的佛教界是非常有潛力的，而臺灣佛教的僧尼法師，也都是很有悲願的，這應該不僅僅是在全臺灣、全中國，乃至於是全世界一切人類希望之所在。

二四、台灣，加油

十月份，我們法鼓山佛教體系非常地忙碌，一方面要推展正常的各項活動，另外又增加了人心重建的工作。我真感謝我們能用少數人的力量，做了這麼多的工作，不僅是在媒體的曝光率高，對於我們佛教的形象及我們團體內部的品質，也提昇了不少。

在九月中旬，臺灣佛教界爆發了一樁風風雨雨的醜聞事件，有兩位長老法師被牽連在內，於是各種媒體記者幾乎都想挖掘翻找佛教更多的醜事，

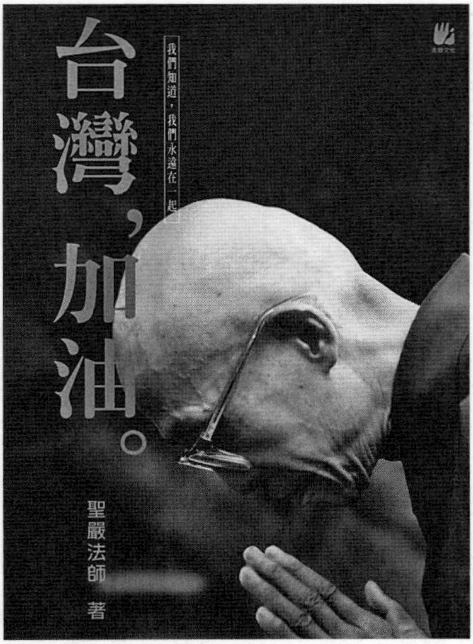

《台灣，加油。》每售出一本就捐出十元為賑災之用。

好像是說，臺灣的整個佛教界已經快要沉淪了。經過九二一地震之後，由於全體佛教徒投入了救災的行列，以行動表現出佛教對於社會正面貢獻的力量。因此，臺灣佛教好像又被肯定了，社會風氣也轉為正面的了。

七月九日，由於李登輝總統提出了「特殊的國與國關係」主張，被對岸的大陸政權指為兩國論。因此八、九月間的大陸全國上下，積極備戰，準備用武力統一臺灣，似乎到了箭在弦上的緊張程度。也是由於大地震的發生，一時間兩岸同胞都把焦點移到救災和同情震災的事件上去了。

因此，我才要說：「九二一大地震的所有罹難者是大菩薩、是老師，用生命做為教材，現身說法，代替二千二百萬的臺灣人受災受難，救了我們下一代。」並且呼籲臺灣加油；一時間，「台灣，加油」這句標語，變成了當時全臺灣人共同的心聲。

十月十日，我也對法鼓文化建議，收集我在九二一之後二十天之間的各種談話，以及我手寫的法語，編成一書，趕在十月二十一日之前出版。以當時法鼓文化的人手，這是相當困難的事，結果還是達成了任務。資料是到十月十五日為止，我親自校對了兩遍，也給了一些編輯方針的建議，在十月十七日寫的自序中，有這樣的幾句話：「我在災後這段期間的所思、所言、所寫、所行，都是圍繞著這個『人心重建』的主題。……編為一冊小書，名為《台灣，加油。》，其實，不僅臺灣，全人類都要在人心重建的工程上加油。」這本書，成為臺灣地震之後，出現在市面上的第一冊同類型的文獻，它是我們法鼓文化有史以來，編輯效率最快的一本書。並且由我捐出版稅，法鼓文化以及各經銷書店每賣出一本，都會捐出新臺幣十元，做為賑災之用。

我們為臺灣加油，還另外推出了幾項活動。除了以上所提的安心服務團訓練之外，還成立了安心服務站；發動「世人共祈願，持咒億萬遍」，發行持咒卡，希望全世界的佛教徒，藉著持誦〈大悲咒〉和佛號的力量，來安定人心；發行「家庭聯絡簿」以及「心靈筆記簿」，各印製了五十萬本，分送到災區的四百所學校。此外，我們跟臺北市政府捷運局合作，在臺北火車站捷運總站的水景舞台區，設置九二一平安紀念鐘，以做為象徵臺灣人心重建的地標；那是在十月十五日的下午，我和市長馬英九先生、中華民國宗教與和平協進會理事長馬天賜神父、聖母聖心會代會長侯發德神父，共同主持記者會，宣布了平安鐘的意義，並且計畫在南投埔里的災區，也將設置另一座複製品的平安鐘。影鐘是請林木川設計，本鐘則係王俠軍的創作。

十月十六日，中華佛學研究所借北投的華僑會館，舉辦「法鼓山淨土專題研討會」。我在專題演講中，詳細說明了「淨土」、「人間」以及「人間淨土」的意義，也進一步闡述法鼓山所提倡的「人間淨土」的內容。同時指出我所講的「人間淨土」是依據釋迦牟尼佛所說，希望我們在這個人間推行十善法，也與《法華經》的「念佛成佛道」、《維摩經》的「心淨國土淨」思想響應。就是說，只要個人內心清淨，則所見到的世界、環境就是淨土；內心不清淨，不論你到哪個地方都不是淨土，所以淨土是可以在人間實現的。

捷運車站水景舞台區的平安鐘影鐘。

十七日的中午，民進黨的總統參選人陳水扁先生趕在我出國之前來訪談，要我送他幾句勉勵的話，因為他競選臺北市長連任失敗，許多人鼓勵他

平安鐘發起人共同為罹難災民祝禱。

參選第十任中華民國總統。這次他來訪問，連隨從都沒有帶，只是單獨一人，提著一個紙袋，裡面裝了幾頂「扁帽工廠」生產當作文宣用品的扁帽，也送了我兩頂。他希望從我這兒得到智慧，讓他有勇氣投入這場激烈的選戰；我送了他兩句話：「慈悲沒有敵人，智慧不起煩惱。」同時我也向他報告，九二一大地震之後，正在推動人心重建的工作。

那一次見面，看出他誠懇、踏實、謙虛、機智、好學，對臺灣這塊土地，充滿了責任感，也充滿了使命感。

政黨人士來親近我們法鼓山，並不是罕見的事。社會菁英禪修營的第十五期，是在十月七日至十日之間，在法鼓山舉辦，有民進黨的祕書長游錫堃夫婦、基隆市長李進勇、曾任民進黨兩屆主席而現任監察委員的江鵬堅、前任該黨主席許信良等參加。原本陳水扁也會參加，由於投入總統選舉，志在必得，所以未能如願上山。此外，宋楚瑜的夫人陳萬水也由於身體的健康關係，未能成行，結果她是在二〇〇〇年的春天，到第十六屆社會菁英禪修營時，才上山了願。由此可見，許多政黨高層次的人士，對於禪修是相當嚮往的。

十月十八日，我就離開臺灣飛到了美國。

二五、在美國的禪與生活

我每次從東方回到西方，都會有大休息一番的感覺。因為在臺灣期間，每天從早到晚，把時間壓縮得非常地緊迫，不容易找到休息的時間、思考的時間、打坐的時間。在美國，至少還可以早晚打坐，偷閒休息，並將臺灣沒有完成的工作繼續完成，特別是在臺灣講出的各種講座，被弟子們整理成為文字之後，也需要我在美國把它刪訂和重寫成書。

這次回到美國，就完成了十多萬字的《法華經》錄要今釋。從一九九二年七月，至一九九四年七月間，在臺灣農禪寺一共講出了十五場《法華經》講座；一九九七年將錄音帶整理成為文字；一九九八年，由余如雯刪修、潤飾成為書稿；可是我無法滿意自己所講出的內容，所以到了一九九九年十月二十五日至十一月二十七日，在美國紐約上州的象岡道場，把它重寫了一遍，庶幾可以成為後來的初學者們，理解《法華經》的參考書了。

同時在這期間，我於十一月二十日應邀至新澤西州羅特格斯大學，舉行了一場公開演講，主持人是該校教授庫特・史貝爾梅耶（Kurt Spellmeyer）博士。因為去（一九九八）年同樣的這個時段，我在該校演講，使得教室擠得水洩不通，所以這一次場地特別設在一個可以容納五百人的演講廳，到了有四百多人，除了該校的師生，也有附近的居民。在美國的一個大學裡邊演講，能有這麼多的聽眾，是並不多見的。

當天的主題是：「禪與生活」。什麼是禪的生活呢？我說只要時時處處放鬆身心，超越自我，就能解脫自在。並且強調，中國的禪宗雖然打坐，但是更重視智慧的開發，主要在於《六祖壇經》所說的「定慧一體」，「定是慧體，慧是定用。即慧之時定在慧，即定之時慧在定。」其實，能夠放鬆身心，就是定的功能；能夠放下身心，就是慧的工夫。最後，我送給聽眾四句話，那就是「心」五四運動之中的「四它」，如果遇到任何麻煩、痛苦、危急的狀況時，只要能夠面對它、接受它、處理它、放下它，就是禪的工夫運用在平常生活中的功能，也就是即定即慧的禪修態度。

這次我在美國，除了在象岡道場分別於十一月下旬和十二月下旬，主持了默照禪及話頭禪的兩次禪七，同時也在東初禪寺舉辦了每週的講經法會及講師訓練的課程。參加禪七的人士來自九個國家，其中以波蘭的六位男士及一位女士一共七人，最受矚目，因為我已經有三種英文的禪修書籍，被翻譯成波蘭文在華沙發行。

西方人士對於中國的禪，如此熱心地嚮往，絕不是臺灣的佛教徒們所能想像的。因此，名小說家施叔青女士為了替我撰寫傳記，連續在美國參加了幾次禪七，目的不僅僅只是為了到西方體驗禪修，更是抱著好奇的心，看看這許多西方人，為什麼會喜歡中國的禪法？西方人士對我聖嚴這個人，有著什麼樣的看法和想法？在禪七中是不准講話的，每當禪七結束，施女士就忙著對西方人的禪眾一一地採訪。她發現西方人對禪的修行，不像絕大多數的東方人那樣淺嘗即止，打過幾次禪七就會放棄了。在西方人之中，有的已經跟我學禪二十來年，有的已經有了三十多年的禪修經驗，他們都對我所指導的禪修，非常珍惜，鍥而不捨，持續努力，禪修對他們生命的影響，已經非常重要了。

這一趟我在美國期間，也參加了十月二十八日，在佛羅里達州奧蘭多市法鼓山護法會舉辦的北美年會。雖然只有九十多人，比起臺灣的年會兩萬多人，規模似乎是小了很多，但是在北美全國各地能有如許華人趕來參加年會，已經讓我感恩了。

象岡道場的禪修活動。

美東的兩個道場，交給果元比丘負責之後，都在積極地推展著各項活動。尤其是象岡道場，從下半年起聘請了一位漢生博士，擔任募款專案的經理，這位美國女士曾經在臺灣住了十二年。因為象岡需要大筆的金錢來整修加建，原來的建築物，多半只能用於夏天的活動，缺少禦寒、防凍的設備，所以要改裝加建，才敷於一百人上下的禪修之用。因此，果元師跟他的助理龔天傑居士，經常要忙著跟建築師和工程人員打交道。

大家只知道臺灣法鼓山在大興土木，沒有想到美國的象岡也在興動土木。雖然沒有像法鼓山那麼大的規模，但是也需要三、四百萬美元的經費。大家在為我擔心，錢從哪裡來？因為誰都知道，我是一個不會計畫找錢的人，也不知道從哪兒去找到錢，我總是抱著船到橋頭自然直的態度，實在沒有辦法的時候，只有念觀音菩薩了！

二六、七十自題

記得在我師父東初老人七十歲那一年，曾對我說：「人生無常，你到了我這個年齡的時候，也會跟我一樣，讓你擺下的時候，不想擺下，也得擺下！」所以勸我早日回到臺灣。想不到轉眼之間，我也年滿七十歲了，以我實際的年齡來算，到一九九九年農曆十二月初四日是七十歲整，陽曆則是二〇〇〇年元月二十二日滿七十歲整。

我一向沒有做生日的習慣，而中華佛學研究所所長李志夫教授特別為我策畫出版「祝壽紀念論文集」，邀約了國內外相識的佛教學者，撰寫了數十篇論文。由於發生了九二一大地震，我怎敢言壽，所以把中、英文本的論集轉刊為《中華佛學學報》的內容，而日文的論集因為無法更改，照樣在日本出版。我總覺得很罪過，自己對佛法沒什麼貢獻，要勞動大家來為我做壽，幸虧應邀撰寫的各篇論文，都不是對我個人的歌功頌德，而是就他們自己的所長，撰寫了各種不同領域的論文，對學術界還是一項成果。

而我自己呢，在美國禪七期間的十二月二十七日，寫了四句話，交給《法鼓》雜誌刊出，名為「七十自題」。它的內容是：

七十年病弱奔波，懶得計得失功過；
三寶作指路明燈，隨緣建人間淨土。

《法鼓》雜誌的編輯，給它作了一段案語，在一二一期刊出：「本期出版，適值聖嚴師父七十歲，一向不作生日的聖嚴師父，此刻在美國主持禪七活動，特別傳真表示：我的生日，不作任何活動，平常而過，只是自己寫了四句話，名為『七十自題』，分享讀者信眾以為紀念。」

佛教界有許多的善知識，雖然不想為自己做壽，但總不能夠推辭弟子們的慶祝。我幸虧有一位從不做壽的剃度師東初老人，所以每次有人要為我慶生，我都用一句話擋掉：「連先師東老人都不做壽，你們不要害我破壞師門的家風！」就這樣，我過了五十、六十，一直到七十也已過去，都是在平淡中忘記了自己的生日，省掉了許多的麻煩。

我記得先師東老人的七十歲生日那一天，曾經留下四句話：

余今年七十，無勢亦無能；
有家歸不得，天涯托孤蹤！

前兩句自謙無勢亦無能，後兩句是自嘆流落異鄉二十八年，身世蒼涼；因為他是一位成長於中國文化中的標準出家人，他謙虛，他懷念故鄉。而我呢，也許是從小離家，不滿二十歲就到了臺灣，然後飄泊於東西兩個半球之間，所以我過七十歲的感受跟先師已有些不太一樣。先師是過了七十歲不久就圓寂了，那時候他已經完成了一部鉅著《中國佛教近代史》，接下來也沒有想到還有什麼事情需要他做的，所以非常灑脫地走了。而我自己，並沒有非得一定要我完成的工作，卻有數不盡的工作等著我去做，所以隨時都可以走，也可以再等幾年走。如果業報未了，不能先逃；如果用不到我，走了也好。

二七、重感冒中的弘化活動

在一九九九年十二月下旬的象岡禪七中，感冒的人很多，這是一個非常嚴重的全球流行性感冒。特別是果元師，感冒相當嚴重，而我的臥房就在他的對面，因為都沒有關上房門，所以很快也跟著病倒了！打完禪七是二〇〇〇年的元月一日，本來當天下午就要抱病飛回臺灣，弟子們擔心耶教所稱千禧年的千禧蟲（Y2K）問題，恐怕飛機起降時電腦系統發生狀況，所以延遲了二天，改為元月三日的飛機班次，在五日抵達臺北。

縱然我在美國已經昏睡了兩天，感冒的症狀卻是有增無減，在飛機上一路頭痛、發燒、想吐。下飛機時，兩腿搖晃，頭重腳輕，好像是在太空中漂浮，雙腳沒有著力之處，為了避免干擾，便於靜養，就住到了中華佛教文化館，也取消了第二天的會議行程。

我雖然病得很重，元月八日上午，卻又必須出席法鼓大學主辦的學術研討會，它的主題是：「新時代的家庭倫理——尊重與關懷」，在開幕典禮中，需要我發表一篇「心五四運動的時代意義」，做為主題演說，地點是在臺北市金華街政治大學公企中心國際會議廳，由教育部長楊朝祥蒞臨指導。參加發表論文的學者都是國內知名大學一時之選的教授群。例如政大沈清松、曾春梅、陳惠馨，臺大黃光國、廖榮利、陳毓文，《中國時報》社長黃肇松，輔仁大學林文瑛，師範大學鄔佩麗等。

下午的論文發表會，我已無力參加；下午四點至八點在農禪寺舉行的社會菁英禪修營聯誼會，我也沒辦法對他們開示，只好陪著大家看了一段我演講的錄影帶，就離開了。

預先安排於元月九日舉行的皈依大典，則無法取消，因此戴著口罩，穿著厚重的冬衣，從北投山上回到了農禪寺。由於登記求受皈依的人數，超過了一千七百多位，農禪寺的大殿無法容納，結果分別增加了新禪堂以及二樓禪堂，一共三個會場，要我逐一舉行。由於我的喉嚨沙啞、音量微弱、面容憔悴、行走搖晃，大家知道我是抱病為他們主持皈依的儀式，使得他們非常地感動。

這次的感冒拖了很久，吃藥、打針都沒有用，中藥、西藥也沒有效，一直拖了四個多星期，才慢慢地恢復。這期間事情很多，除了開會、上課、人來見我、我去見人之外，在農曆年前，還有幾項大活動。

二八、現代藝術的災區感恩

在九二一大地震之後，我們法鼓山為了人心重建，策畫了好幾個案子。其中有一個是由護法總會副會長葉榮嘉建築師接下的，是如何使用現代的裝置藝術及爆破藝術，為大地震留下幾件不朽的作品，以資對大地震做永久的紀念，因為葉建築師是一位非常務實的現代臺灣藝術品的收藏家和鑑賞家。不過這個提案，首先讓人感覺到，這和救災以及災後的人心重建，怎麼能夠搭得上關係呢？

一般人總認為，創作藝術、欣賞藝術以及收藏藝術品，是有錢及有閒階級的專利，跟救災似乎不容易聯想在一起。我卻當下就同意了這樣的構思，因為藝術的創作和當時的環境狀況應該是密切不可分的，所以才有不同的時代背景，留下了不同風格的作品。

這是項大工程，葉榮嘉和他的藝術助理洪致美，忙了三個多月，總算結合了幾位揚名國際的現代藝術家，提供了他們的作品。在一月十五日，借臺中國立臺灣美術館正門前的室外廣場，舉辦了一場別具風格的感恩大活動。這是因為我在九二一大地震之後，重複地發表了我的看法和感受：「感恩所有在九二一大地震之中罹難受災的人士，都是菩薩的現身說法，是來救我們的，是代表著我們大家受苦受難的，所以必須要對他們感恩。」因此這項活動就叫作感恩大會。當天由林知美和璩美鳳擔任大會司儀，應邀參加的藝術創作，除了種籽藝術學堂、童言安心樹、裝置藝術、行動藝術、爆破藝術之外，還有原住民鄒族的祭典舞、臺北音樂盒室內樂集、以及臺北打擊樂團等的節目表演。

其中爆破藝術的爆破鏡頭，是全程活動中最具震撼性的，這是由大陸現代旅美藝術家蔡國強提供的作品《九二一的烙印》，它是以九二一大地震當天凌晨一點四十六分起，在震央日月潭測得的九十秒震波圖為藍本，用火藥引信在長九百二十一公分、寬二百公分的十二片屏風組成的紙幕上，繪出一幅特製的震波圖。當點燃火藥的一瞬間，便將九二一大地震在臺灣所留下的烙印，形成了一幅不朽的藝術品，爆破當時呈現在畫面上的火焰及飛灰，留下了點與線的焦黑，好像把九二一大地震的實況重現在觀眾的面前，所以稱它為「九二一的烙印」。

當時本來有一點小雨，而且天色陰沉，好像隨時都有傾盆的大雨降臨，唯當

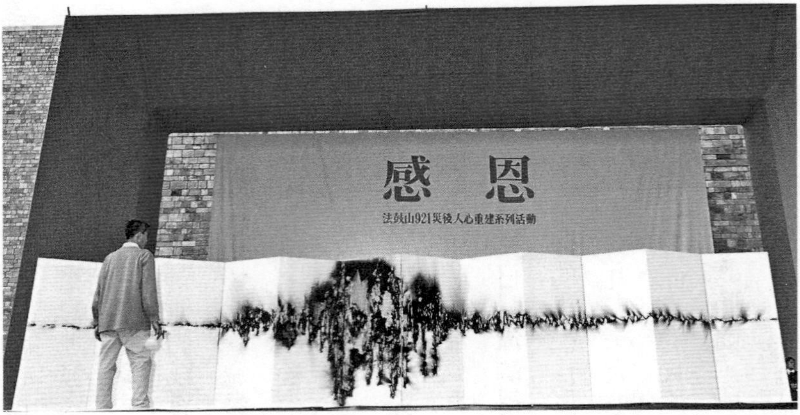

爆破藝術《九二一的烙印》。

這幅作品裝置完成點燃爆炸之時，突然天空顯現出一方雲洞，陽光直射會場，大家都覺得不可思議，如果真的下起大雨，這幅藝術品就無法完成了。這件作品就由佳士得藝術中心當場拍賣，自四十萬元起價，最後以二百三十萬元成交，由一位陳姓善士標得，藝術家以及拍賣公司立即就將所得款項，捐作災後人心重建之用。

如何使得這幅作品跟宗教信仰結合呢？蔡國強先生非常用心，他把我所說的三句話，抄在他的筆記本上，然後拿著毛筆墨汁徵求我的意見，要我將之寫在他作品的左上角。我說我的字很醜，可能會破壞了他的畫面，最好請蔡先生自己寫上，那就是「救災救難的是菩薩；受災受難的是大菩薩，是我們的老師——聖嚴

薛保瑕的作品《問》。

法師語」。這樣一來，一件能夠保存三千到五千年的藝術品，就跟佛教的精神結合了。

第二件作品，是臺南藝術學院視覺藝術研究所所長薛保瑕，和她的創作群提供的《問》。它是以二十七片木材和鐵板構成的整體結構，豎立螺旋排列成高七公尺的「危機意識中重塑精神的向度」的心靈經驗場域，加上一片七公尺長的透明材質從中貫穿，在夜間的昏黃燈光中，透出一種神祕、不安的不確定感，正是大地震後許多人的心情寫照，而指向天空的主體在風中輕輕搖曳，卻在危險中展現出無限遼闊的新希望。這是一件龐然大物的作品，豎立在國美館廣場的草坪上，看來很有震撼人心的氣勢，我給它的解釋說：「在薛保瑕的作品『問』中，富有『禪』的精神，就如話頭禪的問『為什麼？』『為什麼？』螺旋木片結構，象徵著人類彼此連結，並且向無限的天空發問，問什麼呢？問大地震為什麼發生在臺灣？為什麼死傷這麼多人？為什麼是讓我們受災？但是沒有人知道！也問不出來！因為因緣不可思議，因果不可思議。」

第三件作品，是青年藝術家李明維的《菩提計畫》。當天並沒有看到他的作品，他要到印度去請回佛陀成道的菩提樹分株，種植到被地震破壞的埔里國中，再做一些裝置和說明。因為他的父親和他自己，都是出身於埔里國中，為了感恩和紀念，把象徵著佛陀慈悲和智慧的菩提樹，做為對於大地震的感恩紀念，這雖然是要在兩年以後，於埔里國中重建復校時，才能見到他的這件作品，但也使得這場感恩活動延續到兩年之後，乃至隨著這棵菩提樹的成長，而持續地感恩下去，這是跟時間、空間結合的一項感恩紀念。

第四件作品，是楊茂林的《百合星座》。他分作三個部分：第一部分是透過行腳的方式走遍全臺灣；受到母親和妹妹學佛的影響，楊茂林將裝有《阿彌陀經》所記載的七寶和五穀裝罐，當作象徵性的「紀念碑」，埋入三十多個有罹難者的災區鄉鎮，雖然在地面上沒有留下標記或印記，但已深埋在每個人的心中。第二部分則是將臺灣所有受災的鄉鎮構成座標，將三月十五日國美館當作時間和空間的起點，以雷射光束形成百合星座，在牆面上映出，投入太空，永遠護佑著臺灣。第三部分為「百合星座」網站，從元月開始標示出十二個月的星座位置，當這個虛擬的星座透過藝術的方式，成為眾生心靈中的燦爛光點、透出慈悲的光芒，映照出所有人的感恩心。

第五件作品，是臺南藝術學院視覺藝術研究所教授陳建北的《祈福》。因為他是一位虔誠的佛教徒，所以用兩千四百盞燭火，代表兩千四百位震災中罹難的菩薩，由現場參加感恩大會的法師、義工菩薩以及現場觀眾們，一人取一盞燭火，在晚上星空之下的會場地面上，裝置成一朵盛開的蓮花。彷彿這兩千四百位罹難的菩薩，已經化現為慈悲和智慧的光明，照耀著受創的大地，溫馨遍滿了人間，大眾在整齊、莊嚴、祥和的「南無觀世音菩薩」的聖號聲中，許多人流下了感恩的熱淚，這也是配合著我所說的：「受災受難的人，都是現身說法的大菩薩。」這是一種以思考的模式，而得到的創作靈感。

種籽藝術學堂，是由朱銘文教基金會邀請了災區及非災區的一百多位小朋友，參加彩繪及剪貼等兒童藝術創作，非常熱鬧。十二棵「童言安心樹」是由嶺東技術學院提供，樹上掛滿了由全國各地小朋友們寄來的安心祝福卡。

今後，凡是能夠長久保存的作品，都集中暫時保管，於適當的時機分送到適當的場所，做為永久紀念。我為這次的感恩活動，也有一篇短文發表在《法鼓》雜誌一二二期，題為〈藝術感恩——佛教與現代藝術的結合〉，我說：

藝術創作常與宗教信仰，或對宇宙的體驗、對大地的觀察，以及時代的社會變動有很大的關係。

所以，過去的佛教藝術，一般表現在繪畫、雕像以及音樂上，但是在現代藝術中，除雕塑與繪畫之外，也宜表現在裝置藝術和行動藝術上。例如在這次為『九二一災後人心重建』在臺中國立美術館所舉辦的『感恩』活動中，邀請到幾位國際知名的傑出藝術家，他們以現代藝術的表現手法，使時間和空間在藝術的表現中，留下了永恆與無限。

世界上沒有一樣東西是永恆不變的，都會無常變化的，唯有不存在的東西，才是永恆的，唯有不占空間的，才是無限的，行動藝術及觀念藝術，便是以無常表現無限。

另外的一個收穫，是由於辦這項活動，接引了好多位頂尖的現代藝術家們接受了佛法，皈依了三寶。我就這樣在病中，被大家帶過來走過去，還因此在媒體上連續出現了幾天。一月十三日，在臺北舉行記者會，說明十五日的藝術感恩與十六日灑淨行腳的內容和意義，有幾十種媒體爭相報導，因為它是跨宗教、藝術、社會三種領域的活動，而且是很有創意、很有水準的活動，讓媒體耳目一新。佛教給社會大眾一般人的印象，就是講經、消災、超度、做法會，很難想像到會跟高品質的現代藝術相結合，這不僅提高了佛教形象，也推廣了大眾文化的素養。

二九、灑淨行腳

一月十六日所辦的活動名稱，是「九二一歲末萬人灑淨行腳為家園祈福」。這是為了即將過農曆新年，對於災區罹難的亡靈以及受災的災民，做一次愛心祈福的行腳灑淨法會。目的是在於讓全國的人民關心災區的災民，對生者，是一份溫暖的關懷；對亡者，是一份莊嚴的禮敬。所以法鼓山體系下的信眾們，以及當地災區的民眾，共同做了一次灑淨行腳的祈福法會。

根據佛教徒的信仰，凡是結壇修行，必須結界，以致延伸到一般人的動土、搬家、開張都需要舉行儀式，那是為了用佛法對當地的神靈做慰問打招呼。灑淨所用的方法，就是主法者手持淨水瓶，以柳枝灑水，象徵著普施佛法的清涼，名為「甘露法施」，通常是持誦〈大悲咒〉，也有念觀世音菩薩聖號，以及「南無阿彌陀佛」六字洪名的。開始時，主法者手持柳枝，口誦淨水文：「菩薩柳頭甘露水，能令一滴遍十方，腥羶垢穢盡蠲除，令此壇場悉清淨。」然後接著念〈大悲咒〉，或者是念其他的聖號。

我們這一次發動了法鼓山體系下的全體僧眾，帶領著居士菩薩們到臺中、南投兩個縣市，一共分作二十一條路線，在石岡、新社、東勢、南投市、草屯鎮、名間鄉、中寮鄉、爽文村、竹山鎮等地。我自己先在南投的安心服務站，由南投縣長彭百顯率領縣府全體一級主官，舉行了啟用儀式，然後由我選擇了前往中寮鄉的路線，經過中寮國小、永平路、永樂路、永安街的路線行腳、灑淨。彭縣長全程陪同，而且沿路對著倖存的幾戶住民介紹說：「法鼓山的聖嚴法師關心你們，來為你們祈福，祝你們平安！」

有一位年輕的婦女，抱著一個兩歲大的男孩，跪下來向我求救，她說她家一共九人，在大地震時，有七人往生，只有他們母子兩人存活；而這個小男孩自從震災之後，始終不舒服，醫生也看不好，她請我為孩子加持。我心中感到非常酸楚，只好用手摸了摸那個男孩的頭，為他念觀音菩薩。我自己當時也有病在身，但是我相信以大家的願力，菩薩一定會有感應，但願這個孩子的病能早日復原。

據說中寮鄉的市容，原來相當熱鬧，在災變中十之八九的房屋，都已塌毀，經過三個多月的清理，只剩下稀稀落落的幾戶人家，唯鄉公所的辦公大樓，塌倒之

法鼓山全體信眾與居士們灑淨行腳。

後，還沒有清理完畢，看來真是令人心酸。原本大家擔心我走不完全程，由於菩薩的保佑，還是完成了這一趟的任務。聽說中寮鄉地區的傷亡相當慘重，目前雖然已經看不出來，但是還能讓我們感覺得到那種氣氛。

結束了灑淨行腳之後，除了前往東勢和竹山地區的菩薩們，先行分別回家。參加南投、埔里行腳的五千多人，都集中到南投市中興新村的運動場，舉行感恩大迴向。在唱誦儀式之後，由我開示。當天氣候相當寒冷，風勢也很強，我的感冒還沒有好，上台之後，一直拖了兩個多小時。除了開示，還有受獎、頒獎、贈送紀念品、以及邀請地方首長們致詞。

我幾乎要在台上暈倒，一次一次想要

下台，也一次一次被負責儀程的人指揮著站回原位。這幾天以來，每天都有公開的談話、招待記者、會場致詞，頭腦卻不甚聽我使喚，不知道要講些什麼，只有請公關文宣室的主任祁止戈，臨時為我代筆草擬。他不愧為資深記者，隨時都可以給我提供幾百字，乃至千把字的講稿，但是，到了臨場我又記不起全文了。好在那幾天大家雖都發現我很累，還無人指責我語無倫次。在這個時候，我深切地體會到，我畢竟是一個已經上了年歲的人，往往在需要我用頭腦的時候，竟然會有力不從心之感。

那一天使我最感動的是，彭百顯縣長在台上贈送給法鼓山一件名為《愛與關懷》的銅雕紀念品之後，便向大家宣布，要感謝我，向我頂禮三拜。其實，我很慚愧，我們法鼓山對南投的貢獻不多，只是付出了關心。本來南投本地的佛教團體已經夠多了，我們法鼓山不必再去插手，有感於彭縣長的要求，我們還是在那邊設立了兩個服務站，持續為當地的災民服務下去。

三〇、農曆年前後的大忙碌

元月二十二日，我應中華民國現代佛教會與印順文教基金會的邀請，為慶祝印老九十六歲舉辦的一項學術研討會，題名為：「印順思想：邁向二〇〇〇年佛學研討會」的開幕典禮中，擔任主題演講人。我以「印順長老著述中的真常唯心論——我讀《大乘起信論講記》」發表演說。

為了這個因緣，我在美國花了二十天時間，重讀了《大乘起信論講記》，也再看了印老其他與人間佛教相關的著作，寫成了六、七千字一篇論稿。我說明印順長老的學術思想，並不是否認真常唯心論的價值。而他一生之學，既不是主張所謂原始佛教傾向於自了的小乘法，也不是站在中國台、賢、禪、淨，「說大乘教，修小乘行」的大乘佛教之立場，而是「人間佛教的人菩薩行」思想的啟蒙者，是為「使佛法能成為適應時代，有益人類身心的『人類為本』的佛法。」

由於我的工作太忙，時間太少，歷年來這樣的文章已經很少寫了。但我受印老治學態度的影響很深，所以非常感恩印老思想對我的啟發，而寫了這篇論文。這可以提供許多年輕人，做為對印老龐大著述的內涵的簡單介紹。許多人把印老當成學者、論師，好像他跟一般為學問而學問的人，目的相同。其實他不是為了學問而治學，他是為了釐清多元化、多層面的佛學思想的來龍去脈，以及各種背景的特性和特色，然後指出什麼才是真正的佛法。有些人認為他是主張原始佛教，因此就把南傳的佛教當成印老所喜歡的，也有人認為他是三論宗的傳人；其實都不是，印老是為了昌明以人為本位的佛學，淨化人間，而將人間佛法的思想，落實普遍於當代的社會，這才是他的目的。

這次會議中，有幾位是從大陸來的學者，其他都是臺灣佛教學術界知名的僧俗之士數十人。

那幾天我很忙碌，一月二十一日及二十二日兩天，法鼓山佛教基金會在北投及金山兩地，分別舉辦歲末的慰問，對於附近各鄉鎮區域的低收入戶，致贈慰問金以及食物等的日用品。同時又到臺北市和臺北縣，為獨居老人送上關懷的慰問金，這都必須要我一一的親臨前往。

二十三日借臺北市士林官邸，舉辦了第六屆佛化聯合婚禮，是在室外的庭院中為六十四對新人祝福皈依，由總統府資政吳伯雄為證婚人，臺北市長馬英九、社會局長陳皎眉為男女雙方的主婚人，法鼓山護法總會長陳嘉男伉儷為介紹人。由於是在士林官邸的露天音樂台，舉行大型的佛化聯合婚禮，吸引了不少的媒體採訪，還有幾個電視台做現場實況轉播。這對於改善民俗，意義重大，是有尊嚴而不浪費，有莊嚴而不鋪張，使得新人的家長及親友，免了許多的繁文縟節、吵吵鬧鬧、吃吃喝喝的場面。而且能在佛前宣誓，要彼此尊重，互相敬愛，相對學習，雙方包容；不論貧賤富貴，永為菩薩伴侶。六年以來已漸漸形成了風氣，對這一項活動，響應的人士也愈來愈多了。有些人本來尚未信佛，參加之後，便組成了佛化家庭。

三一、與當代頂尖名人暢談

近年來，我與國內外的名人，公開和私下的對談，已經有了許多的經驗，每次談過以後，都有不少的收穫。跟各界名人對談之前，必須要收集一些與主題相關的資料，對談時才不致於內容空泛，熟悉與談人士的生平及思想背景，對談時才有親切感。這都是一邊做一邊學，讓我的視野愈來愈開闊，使得佛法的觸角能夠伸展的範圍愈來愈深遠，佛法對現代社會的因應，也愈來愈靈活，所接引的層面，也愈來愈寬廣。

西元二〇〇〇年開始之後，法鼓山安排了幾場我與名人對談的活動，共有兩波四場，第一波的三場是三月三日至五日，在臺北市的國父紀念館，分別邀請到四位來賓：1.代表藝術界的雲門舞集創辦人林懷民，2.代表文化界的名作家侯文詠，3.代表演藝界的名歌手張學友，4.代表科技產業界的聯電董事長曹興誠。

第二波是四月十四日，法鼓大學假臺北圓山大飯店國際會議廳，面對著一千多位高層社會的知識分子，舉辦了一場我和中央研究院院長諾貝爾獎得主李遠哲先生，就「跨越二〇〇〇大師對談——追求卓越」為主題，而做了二個小時的高峰暢談，由臺灣大學校長陳維昭擔任主持人。

另有交通大學及清華大學共同邀請我，赴交大跟該兩校校長做了一場三賢鼎談。

如果是在十年以前，像這般高峰層級的名人暢談，是輪不到我的，我也不敢接受的。但是這種活動，對於當代佛教向深廣面發揚，是有必要的，今天的我，還是卑微渺小，由於有了法鼓山全體僧俗的奉獻，使我成了宗教界的領袖層級，因此而被重視，並將佛法的利益，被二十一世紀的更多人來分享，我便既小心又大膽地接受了這些安排。

這四年多來，我在中國電視公司，有一個節目《不一樣的聲音》，每週播出一集，由達明傳播公司張光斗製作。也都是邀請各行各業、各種領域中的傑出人士，與我對談，因此，臺灣的知名人士多半上過我的節目，所涉及的層面、所討論的範圍，相當寬廣。有些特別來賓是佛教徒，有些則沒有特定的宗教信仰，甚至是基督徒和天主教徒，以及其他宗教背景的人士，我總是一方面尊重他們的意見，聽聽他們的想法，同時用佛法回應。從佛法的角度，可以因應各種各樣的知見，但是還會回歸於佛法的中心思想。因此，收視這個節目的觀眾們，雖然多半是佛教徒，但也受到不同宗教信仰人士的喜歡，至少那些從來不願意接觸佛教的人士，因此而在他們的八識田中，撒下了佛法的種子，這就是跟名人對談的目的和功能。

三二、與名人談了些什麼？

三月三日和我對談的林懷民，是臺灣嘉義人，十四歲開始發表小說，二十二歲已出版了小說《蟬》，而成為六、七十年代臺灣文壇很受矚目的作家。他是政治大學新聞系畢業，卻愛上了舞蹈，留學美國跟現代舞蹈大師瑪莎．葛蘭姆（Martha Graham）、模斯．康寧漢（Merce Cunningham）等舞蹈大師，研習現代舞，回國後，一邊在文化大學教書，一邊創立雲門舞集的舞蹈團，然後又在國立藝術學院舞蹈系擔任系主任及所長。他是中國現代舞的鼻祖，得到了許多的榮譽和獎項，其中包括有「亞洲諾貝爾獎」之稱的麥格塞塞獎，並且接受國立中正大學頒贈的榮譽博士學位。

雲門舞集的「雲門」二字，出自於《呂氏春秋》所說：「黃帝時，大容作雲門。」相傳曾風行於距今五千年前的黃帝時代，是中國最古老的舞蹈，如今舞容、舞步均已失傳，只留下了這個美麗的舞名。

林懷民的舞作有：《寒食》、《白蛇傳》、《薪傳》、《紅樓夢》、《九歌》、《流浪者之歌》、《水月》等六十餘齣。近二十多年來，他培養了數百位訓練精良的舞者，如今已經到了第三代，他的舞團在國內演出時，都是萬人空巷，造成轟動。就是在歐美亞澳各洲的兩百多個舞台上，公演了一千多場，也以其獨特的創意，精湛的舞技，獲得各地觀眾與舞評家的熱烈讚賞，所以被公認為是現代的「舞神」。

過去曾經試著要請他到我的節目，都沒有得到他的回應，這次透過我們安心服務團的張葆樺團長邀請，才慨然應允。我們所談的主題是：「當理性遇到感性」，在對談之前，先看了他的舞作《流浪者之歌》錄影帶，以及他的傳記《飆舞》，另外也收集了他的相關資料。這位出身於望族世家的貴公子，拒絕一切誘惑，排除種種障礙，終於在他精進不懈的過程中，帶著時代文化的步伐，走出了一條嶄新的路來。

當天我們談的是佛法和藝術的表演，大家感到興趣的是，我和他的交集點在何處？譬如他的《流浪者之歌》，充分表現出動中的靜、靜中的動，是那麼的美而氣勢非凡，堅定中有沉穩，速度中有定點，表現出富有禪味的生活及禪境的內涵。他告訴我，為了排演那一支舞，每天帶著舞者們打坐，而他自己就是一位虔誠的佛教徒，近幾年來，每年的農曆新春，他都是在印度的菩提伽耶朝聖之中度過的，所以那個舞劇就是描寫出印度瑜伽士們的心境。

此外他又講到，所謂的表演，都是眾生相的夢想顛倒，也就是以現身說法來表露出眾生的內心世界，是那麼地顛倒和無常。因此，他是想要呈現出眾生心中的悲苦和掙扎，在糾纏中渴求解脫；佛法談慈悲和智慧，他的作品是夢想和顛倒，似乎是相違背的。他又說，佛法說的是「無相」，而他的舞蹈卻全是以色相呈現在觀眾的面前，但是他也體會到舞蹈創作的演出，每個動作和情節，都是瞬間發生，瞬間消失，這似

作者與林懷民有一場精彩而豐富的對談。

乎就是詮釋了佛法所說的無常。

他又提出《金剛經》所說：「菩薩於法，應無所住，行於布施。」就是智慧和慈悲，也是現代人所說的貧富均等的觀念及方法，無所住是無相的智慧，布施是對眾生的慈悲，可見得他是懂佛法的。後來我跟他建議，雲門舞集是否可以跟法鼓山合作辦一些活動，他經過思考之後，很快就答應到明年雲門舞集公演時，以其中一場的門票收入捐給法鼓山。我問他我們自己要做些什麼呢？他說沒有。據我所知，雲門舞集本身不僅不富裕，而且相當地窮，曾經有兩年由於經費沒有著落，而關了門。他竟能如此地慷慨，我不知道將來對他們要何以為報了。

三月四日，我們邀請到了風靡全球華人界的歌手張學友，以及知名的醫生多產作家侯文詠。所談的主題是：「當佛法遇見E世代」，本來只是一場兩人的對談。因為首先是邀請了張學友，由於他演唱的檔期非常密集而多變，不容易確定跟他對談的日期，而他又在香港，我們是透過特技演員，也就是飛越長城及飛越黃河的世界級英雄柯受良為聯絡人。張學友似乎可以如期前來臺灣，又好像不能夠有十成的把握，所以就又請了侯文詠，剛好當天張學友也能來，結果變成了三人的鼎談。一位是演藝界的頂尖人物，一位是文藝界的暢銷書作家，他們在各自的領域中都有傑出的成就，獲得了許多的榮譽，各有龐大的歌迷群和讀者群，多半是以年輕人為主，同時也延伸到中、老年層次的愛好者。

我與林懷民對談的那一場，正如他自己所說，他的舞蹈大家喜歡看，他的演講不一定有多少人聽，當日國父紀念館的大廳，只到了八成滿的觀眾。第二天的這一場，由於是星期六的下午，還沒有開講之前，國父紀念館的內內外外已經擠滿了人潮。我陪著兩位貴賓，在國父紀念館的四周迴廊巡走了一圈，向未能進入大廳的觀眾們打招呼，勸他們透過螢幕及電視牆的轉播，來看我們場內的鼎談。

侯文詠也是臺灣嘉義人，他是臺灣大學的醫學博士，曾經擔任臺大醫院麻醉科主治醫師，兼任臺北醫學院研究所副教授，萬芳醫院的麻醉醫師，並主持《台北ZOO》廣播節目。現在他是一位職業作家，長篇小說有《白色巨塔》，也寫短篇小說，最受歡迎的則是他的散文集《親愛的老婆》和《大醫院小醫師》，作品尚有兒童文學《淘氣故事集》、《頑皮故事集》，健康方面著作《醫生朋友侯文詠——麻醉科》等。他是我們法鼓山社會菁英禪修營的學員，曾送了我一套他的著作，我斷斷續續多半已看過了，覺得內容滿有趣的。他是一位現代社會標準的佛教徒，有美滿幸福的家庭，穩定的事業，良好的社會關係，他的太太是一位牙醫，也是我們

作者與張學友（中）、侯文詠（右）鼎談。

禪修營的學員。

至於張學友，他是一九九九年世界十大傑出青年之一。他出生於香港，在一九八四年參加「全港十八區業餘歌唱大賽」，憑一曲〈大地恩情〉，由二萬多名參加者中脫穎而出，勇奪冠軍，因此獲得寶麗金唱片公司和他簽約成為旗下歌手。他也熱心參與慈善義演，雖然他謙虛地說，他不像是個佛教徒，但他是出身於佛教的家庭，而且拜過師父，皈依過三寶。因為他是柯受良的好友，五年前我在香港弘法時，他們二人曾經連袂到我的住處拜訪，雖然沒有時間多談，但也因此結了善緣。

我不會唱歌，也沒有時間聽歌，雖然知道張學友，但不清楚他的歌聲究竟有多好、多美、多動人，這次為了要跟他公開談話，就收集了他的相關資料，也細心地聽了他送我的一張CD歌曲，名為《走過一九九九》，曲名有〈心如刀割〉、〈壞壞壞壞壞〉、〈她來聽我的演唱會〉、〈二分之一的幸福〉、〈留給自己一個晚上〉、〈認床〉、〈好呆〉等。

音樂我是聽不懂，唯一讓我佩服的是他歌唱的音域，非常寬廣，能高能低、能粗能細、能銳能渾、舒展自如、收放得宜，真是有點出神入化，無怪乎會被稱為「歌神」了。

這場鼎談會有四點特色：1.從三個不同身世背景的人，談到信佛、學佛，異中有同。2.三人成長的過程，都是經過相當地努力，並不是一夕成名，或是突然完成的，這可以勉勵新世紀的青年們。3.在強大的各種誘惑下，如何定位自己，不受影響，而能安全地走過來，我們都一致認為宗教的信仰是主要的原因之一。例如他們兩位，都是現代青年們的天王偶像，卻沒有受到誘惑的影響，而失落了自己。在演藝界的人士，很難不受到所謂八卦新聞的困擾，但他們兩個人就有免疫的能力，這應該是新世代青年們的榜樣。4.對宗教信仰，應該要適應時代，並且有精神的內涵，所以青年們都應該要有宗教的信仰。

三月五日，邀請聯電董事長曹興誠。所謂聯電，是指聯華、聯誠、聯瑞、聯友等八家與電子、積電、半導體、光電等相關的高科技產業集團。我跟現今臺灣高科技產業界的三位頂尖人士曹興誠、張忠謀、施振榮都沒有什麼交情，我只是曾經跟宏碁集團的董事長施振榮，有過兩次高峰會談的因緣，台積電的張忠謀沒有碰過面，至於聯電的曹先生過去也沒有什麼印象，只是聽說有這麼一位大企業家的名字，這次能夠請到他來跟我對談，是由於徐政夫及張葆樺夫婦的面子。

曹先生並不認識我這個老和尚是誰，因此，提供了一些我的資料和法鼓山的文宣品，給他事前參考。我也找到了關於曹先生的若干資料，正好在一九九七年十月一日出版的《天下》雜誌，及二〇〇〇年一月一日出版的《遠見》雜誌，都有以專題大篇幅的封面人物報導：《天下》雜誌是〈曹興誠力拚半導體霸主〉，《遠見》雜誌是〈曹興誠殺出晶圓代工的活眼〉。同時也讓我得到了曹先生自己寫的《談台灣IC工業之競爭力》。

他自己的信條是「順勢而為，逆勢則敗」、「審時度勢，氣定神閑」、「大處著力，不計較小節」。過去聯電公司的座右銘是：「精、悍、迅、捷」，現在他們公司的座右銘已改為「正、實、迅、慧」。他是臺灣第一位實施員工分紅入股的企業家，而且絕對禁止家族化的經營，他真是一位創業打天下的領袖人物。

曹先生有很多地方都是出人意料的，在大學畢業之後，同學們都出國留學，就唯獨他沒有，他在國內得到碩士學位後就去工作了。他從工研院而進入現在的聯電，結果變成了今天聯電的負責人，本來是個單一的公司，近年來則連續併購了好多家公司，而成為一個八合一的大公司。他正好趕上日本ＩＣ的製造業不景氣，然後他改進再改進，而變成了今天全世界生產驚人的兩大晶圓代工業之一；另外一家則是台積電，現在他是老二趕老大，準備追過張忠謀的台積電。他不斷地增設新的工廠、生產線，每一個案子的投資，動輒都是五百億、一千億的新臺幣。目前，他們公司的股票叫座又叫好，已有三十多萬人是他們的股友，在可見的未來，這項工業只有看好不會走下坡，而且產品供不應求；也可以說，由於他們兩家公司的實力，已使臺灣成為全世界的晶圓代工王國。

曹先生雖然沒有出國留學，但是他的國際眼光和前瞻性策略，都超人一等。譬如在世界各國，都有勞資糾紛、利益衝突的問題，而在他們的聯電關係企業，特別准許員工，以分得的紅利，參與公司的盈餘轉增資而取得公司股票，此即所謂分紅入股制度，為臺灣科技產業帶來了革命性的影響。這不僅解決了勞資利益衝突的問題，也吸引了國際一流的人才回國工作。所以他們公司的員工，就是一個人才密集的倉庫，因為這項分紅入股的制度，而使員工們，從「從業的報酬」也分享了「創業的報酬」。

這次我跟他的對談，主題是：「當宗教遇見科技」，主要的論題是：高度科技發展是否加速自然環境資源的破壞？人類應該如何善用科技？二十一世紀中，宗教與科技的角色扮演其交集點是什麼？原來像他這樣成功的高科技生產業的領導人，雖然不反對宗教，也好像不需要有什麼宗教，而且認為現代的科技已經能夠使得人類成仙成佛。例如今天的航空技術，能讓人全世界飛來飛去，這不就是古人信仰中的神仙才具有的能力嗎？還有現代的通訊科技，已使得全世界任何一個角落的人，彼此隨時對話，甚至於相見。現在的網路科技，幾乎能夠辦到所有的事，那不就是過去的神仙境界嗎？

他又說，如果不是人類的科技生產，全世界的自然資源，所謂食物鏈，最多只能供應六千萬人口的生存。可是現在的科技，於看得見的將來，就是一百億人口的生活所需，還是綽綽有餘。當我說到人類的生命，如果不是由於生活環境的條件，以及心理因素的傷害，人人都可以活到八百歲；甚至在佛經中說，未來人類最長的壽命，可以活到八萬四千歲。曹興誠說，這不是神話，未來的科技是可以使人類達到這樣的目標，尤其他相信科技對人類的服務，其經濟條件和經濟制度，必能平均滿足人類的所需，所以未來的世界，不會再有戰爭。

從這些觀點來看，他是一位科技萬能論者，而且對世界人類的未來命運，充滿著樂觀的信心。像這樣的人要跟他談宗教，好像是找不到著力點的，結果我們談了兩個小時，相當地投契。一方面我贊成他的想法，同時提出相對的省思，我不否定科技對人類的貢獻，而且也贊成科技的發展，但是我不得不提出從人文的角度、人生修養的立場，來運用科技、指導科技、看待科技。也就是說，要用高度的人文精神和心靈修養來帶領科技，走向未來，而使科技為人類的幸福而服務。例如他說，到了他這樣程度的人，雖然擁有很多的財富，但是他的工作不是為了財富，那是為了什麼呢？如果是為了好奇好勝，也跟為了爭財富差不多，如果是為了世界和平，這就是屬於精神層面的範圍了。因此，對談結果，他認為科技和人文、科技和宗教，應該是相輔相成的，這也正是近年來，臺灣各界的領導人士共同的願景，要把臺灣建設成為人文科技島。

由於這場對談，他對我的想法和說法有了興趣，會後我邀請他和他的夫人，抽出三天的時間，來參加法鼓山的社會菁英禪修營。經過考量之後，他真的上法鼓山參加了從三月二十三至二十六日的第十六屆禪修營；這對我們來說，甚至包括徐政夫、張葆樺夫婦都相當意外。三月二十七日我應邀去參觀新竹科學園區的聯電公司總部，他集合了員工幹部數百人，熱情地接待，不僅請我為他們的員工做了開示，他本人也向他的幹部們報告了這三天的禪修心得；他不僅認同讚歎，而且真的改變了他對於宗教弄神弄鬼的刻板印象，尤其我所提倡逆增上緣的觀念，使他對做人的看法也有了轉變。這位才華出眾、事業成功、信心十足的曹董事長，居然可以接受佛教觀念，而且親自參與了禪修活動，也使得許多非佛教徒人士驚訝。

至於交通大學的三賢鼎談，起因是清、交兩校的幾位教授，來我們法鼓山受了三皈依。其中一位粉彩畫家楊雪梅教授，非常積極而有耐性，勸我去交大做一場演講。我說近來由於年紀大了，校園和團體的公開演講，已經難以應命，如果能夠聯合新竹地區幾個學府，共同舉辦一場高層次的對談會和座談會，當然可以考慮。因此她就建議由交通大學、清華大學、工業技術研究院，由他們的兩位校長和一位院長，來跟我公開座談。這項建議被我接受了，但是一波三折，好事多磨。

清大和交大兩位校長，是老同學好朋友，應該是沒有問題的，但是他們梅竹（清、交）二校，似乎彼此都在私下較勁，認為自己的學校是最好的，以致於兩校之間的學生球賽，本年度也停辦了，但是學生與學生之間，卻自己比賽起來了。因此，為了座談會的場地是在清大或交大，也爭持不下。同時，他們對我只是聞名，並不清楚我是什麼樣的法師，跟他們的校長座談，是否只是談做法會、消災、超度等所謂佛事的問題，因此有一點顧慮和躊躇不前。後來大概是看到媒體上大幅報導我和曹興誠對談的消息，兩校也都欣然接受了這項安排。也許因為曹興誠是交大出身，曾獲得交大頒贈的榮譽博士學位，而現在聯電的幾位高級主管，也都是現任交大校長的學生，同時曹興誠也曾給清大做過捐獻，所以很快就說攏了我去交大和兩位校長鼎談的活動，那是選在三月二十七日晚上七點三十分至九點三十分。

當天下午，我先訪問了科學園區的聯電總部，然後訪問工研院的院長史欽泰，送了他們一套我的全集和年譜。本來也想請他參加座談，後來不知道為什麼沒有安排。接著到了交大，由張俊彥校長親自接待，我在辦公室用了晚餐的便當之後，就進入鼎談會場，清大的劉炯朗校長已在那邊等候我們。

說起張校長，也是一位奇人，他被今天的臺灣尊稱為科技產業界的教父。因為

作者應邀訪問新竹科學園區的聯電總部。

由他培養出來的科技人才相當多，其中有五十多位博士，三百多位碩士。他不但是中央研究院的院士，也是國際著名的科學家之一。他用英語寫過三百多篇言前人之所未言的論文，發表在歐美科技雜誌。但是他自己的博士學位卻不是在國外獲得，而就是交通大學本身的學位，現在他也是美國國家工程院海外院士，美國電機電子工程師學會院士。他的專長是電機、資訊，在擔任交大校長之前，也擔任過交大工學院院長，以及電子資訊研究中心主任，並在交大創立了國家毫微米元件實驗室，建立資訊及通訊系統整合的研究計畫。

張校長所培養出來的人才，在今天

臺灣高科技產業界，都已是領導階層，例如以上所講的聯電、台積電、台灣茂矽、華邦電子、宏碁電腦等。跟他私下交談，提起了曾經在交大教書的李恆鉞教授，張校長不僅認識，而且在一九六二年至一九六三年之間，他曾協同李教授創立了臺灣第一座電視發射台，亦即現在中華電視台的前身。我告訴他，當時由大同公司提供了獎金新臺幣二十萬元，也就相等於當時愛國獎券的首獎金額，但是李教授並沒有獨吞；有人勸他布施出來做為弘揚佛法的基金，但是他說，由什麼樣來的錢，就要用到什麼樣的項目上去，這是因果關係。我問張校長記得這件事嗎？他說是的，那筆獎金，李教授全部分給共同參與這項計畫的人員，做為繼續研究開發的費用。因為李教授是一位虔誠的居士，當時在佛教界，還因此引起了一陣談論。

至於清大校長劉炯朗，他的祖籍是廣東，畢業於臺南成功大學電機系，他的電機碩士和博士學位，都是在美國麻省理工學院完成的，之後一直都在美國幾個名校任教，在國際上，是一位享有崇高聲望的計算機科學教授。他一共編了七本教科書，其中的《離散數學》，更被視為計算機科學的經典之作，至今仍被全球許多大學採用為教科書。他擔任過伊利諾大學（University of Illinois）助理副校長，職掌全校學術行政事務及經費預算，並負責教學研究品質的改進，包括教材上網及遠距教學。雖然從事於行政工作，還發表了論文一百五十多篇，也指導了好多位博士班學生，擔任所屬領域期刊的編輯。

劉校長回國擔任清大校長才一年多，他和交大的張校長，都是成功大學電機系畢業，所以私交很好。他們兩個人雖然是科技學界的頂尖大師，卻都對於人文也有相當深厚的修養，對於東西方的文學、哲學以及宗教，也都有廣泛的涉獵和濃厚的興趣。

雖然我和他們兩位是初次見面，但是在鼎談會中，卻很有默契。例如他們說科技使得人與人之間縮短了距離，增加了便利，但是我提出了反方向的回應，認為人與人之間，也由於科技的昌明，往往進入虛擬的世界；譬如說，經過電腦網路，能夠跟千萬里以外的親友對面談話，看到的是畫面影像而不是真人，雙方彼此所處的環境之中，還有一些什麼樣的人物景象，因為不在鏡頭之內，也就無法知道，所以人的互信及親切的程度就比較脆弱而缺少真實感了。

張校長也承認這一點，他說：「對呀！我跟在美國的孫子可以經常通話，就是很想抱一抱他，卻做不到，不免有點不滿足！」這一點劉校長也很同意。因此，要考慮如何建立彼此之間的親密和互信，必須要從人文的方向來思考解決。我認為虔誠的宗教信仰和心靈修養，就能夠使得彼此建立互信，彌補遺憾。

接著談起了基因工程，雖然會為人類帶來突破性的貢獻，但是不是也會為人類造成倫理上的混亂及失落感？例如複製人，會帶來許多新的問題，必須要事先考慮，否則必然會造成困擾。劉校長指出，科技本身並無善惡之分，為善為惡要看人類的智慧來處理。張校長說，科技像一把兩刃的刀，邪惡和正義還是以人心來做為指導。因此，我們的共同結論，科技人應該要有人文修養的陶冶，才能讓科技走上正道，服務人群。

最妙的是，張校長不斷地向我發問，好像給我出了一道又一道的考題，例如他問《金剛經》所說：「凡所有相，皆是虛妄。」是不是跟科技有關？他又舉出了《六祖壇經》、《莊子》的思想、徐志摩的詩句，問我看法，由此可以看出他的人文修養之深。劉校長跟我兩人，一個是從佛法的角度來加以詮釋，一個是從個人的經驗來說明人文精神的重要性。他們兩位，原來都是有宗教背景的，張校長從小就進入了長老教會，劉校長則信仰天主教；由於人生的閱歷以及涉獵各種宗教文獻的結果，張校長變成了佛教徒，劉校長也對佛學很感興趣。結果我們三個人，都在談著佛學和學佛，使得現場一千五百多位科技界的聽眾，領略到這兩位科技人的校長，除了科技之外的另一層面——那就是人文和宗教的修養，這應該是我到新竹出席這場鼎談會的最大收穫了。看來不是我向他們傳教，倒是他們兩位對我弘法。

以上我和名人一共四場公開的暢談，是由資深的電視節目主播陳月卿女士擔任主持。她是我在華視連續節目《大法鼓》的主持人，去（一九九九）年和李亦園、楊國樞兩位中央研究院院士，以及臺北市長馬英九、青年救國團主任李鍾桂等名人的公開對談，也都由她主持，所以跟我已有相當的默契。她把每一場的氣氛，都營造得非常生動熱絡，台上台下打成一片。

三三、陳水扁總統利益眾生

這次中華民國第十任總統大選，幾組候選人競爭得非常地激烈。三月十八日投票揭曉，民進黨的陳水扁和呂秀蓮組，得四百九十多萬票當選；獨立參選人宋楚瑜、張昭雄組以四百六十多萬票落選；連戰、蕭萬長組以不足三百萬票，使得國民黨首次失去行憲以來的民選政權。對於政治選舉我一向鼓勵我們的團體參加投票，也不妨以個人名義投入競選助選，但不贊成以我們團體的名義參選助選。每逢選舉，都會有人要我或暗或明地表態支持，我還是保持不變的原則，所以在三月十六日，我對法鼓山的專職菩薩們精神講話時，再度非常明確地提出了「法鼓山的選舉觀」。其中我說：「每次選舉都有人問我要投票給誰？我所投的對象，是不會告訴任何人的，不論誰當選，我都同樣恭喜他，並為他祝福，這是為了我們整個國家社會著想。民主的基本素養，就是可以表達自己的意見，卻不強制他人一定接受，並且也要尊重他人的意見和想法。」

本著這個原則，我在三月十九日，給當選人陳水扁先生奉贈了兩句話，表示為他恭賀：「以慈悲的感性照顧所有的人，以智慧的理性處理一切的事。」萬想不到，立即就由他的摯友方振淵先生給我通知，說是第二天，三月二十日一大早，他要專程來農禪寺向我請益並表示感謝。剛剛當選，他的責任重大，所要處理的事和人，極待解決的問題，不論內政外交，黨內黨外，正是千頭萬緒，怎麼會首先就要來看我這個老和尚？

到了第二天，我們農禪寺與平常一樣，沒有做任何特別的布置和準備，像過去一般地接待他。陳水扁先生先到大殿禮佛，態度相當謙虛，沒有認為我們是怠慢了，一開始就說是向我感恩而來的。他說由於去（一九九九）年十月十六日，我送了他兩句法語，使他在競選臺北市長連任落選之後，還能夠有勇氣在短時間內又站了起來，承擔了更大的責任。我的弟子準備了紙筆讓他簽名，可是整幅紙如果僅僅簽上名字，看來似乎有點不倫不類，所以我臨時送了他四個字，請他親手寫下「利益眾生」，做為他自勉、勉人的座右銘，他說要把這四字當作治國的原則。接著我又送了他六十六個字，那就是：「安人始能成事，敬人者人恆敬之。對人均宜尊重，寬大者化敵為友。氣度格局廣遠，愛己愛人愛世界。慈悲謙虛待人，智慧果斷

陳水扁總統與作者持「利益眾生」字幅合影。

理萬事。慎防身邊遠煩惱，隨時提起放得下。」

陳水扁先生當著許多媒體記者的面前，一字不漏地照著念給大家聽，說是要牢記在心。我也表示：「對於新當選的陳總統，從立法院到市政府，隨時都能調整腳步，改變自己，感到敬佩，所以也相信他在就任新職之後，一定會如臨深淵，如履薄冰，致力讓人民平安、快樂，讓整個社會國家和諧、安定。」我又說：「臺灣的安定可以帶動亞洲，甚至於全世界的安定。以佛法而言，一念之間是可以讓社會受到損害的。陳先生相信『公門好行善』，他一定會以慈悲和智慧，帶領人民國家走得非常地順利。」

他一直雙手合掌並且以專注的態度傾聽，然後他說，每次在我面前，就感覺到自己的卑微渺小，他還有許多地方需要學習。我也告訴媒體記者，許多年來，他一直是我們法鼓山的護持會員，對我們非常關心。在競選第二任立法委員之後，還曾送了我們一尊紅豆杉原木雕成的觀音菩薩立像。擔任臺北市長期間，也數度蒞臨農禪寺關懷。所以，他也表示非常認同法鼓山「提昇人的品質、建設人間淨土」的理念，並且要把臺灣建設為人間淨土，做為他今後治國的目標；但是，他必須先從提昇兩千三百萬人的人品入手。

他到農禪寺訪問前後四十分鐘，當天上午有幾家電視媒體便立即現場轉播，各家的晚報，以及電視、電台，都配上「利益眾生」那幅字的鏡頭或照片，做為重要新聞一再報導。次日各家的早報也是一樣，《中華日報》及《自由時報》，甚至以此做為頭版新聞，大幅刊出了這條消息和照片。因此，就有人對我做了兩極的反應：多半給我恭喜和讚歎，說陳水扁先生當選之後，所拜訪的第一位宗教界的領袖就是我，顯出他的睿智，也代表了法鼓山的地位；另一些是責問：法鼓山不是政治中立的嗎？怎麼又靠向陳水扁了呢？

其實，我並沒有要靠向誰，乃是為了國家的利益，社會的平安，給當選人表示祝福。尤其在競選期間，許多人擔心如果陳水扁當選，股市就會暴跌，大陸就會攻打臺灣，臺灣就會失去一切。我為了安定人心，所以不自量力，向新當選的總統恭賀建言，希望能讓全國的人民心安。這跟釋迦世尊住世時代，勉勵各國的王臣，以仁政治國安民是一樣地用心。不過剛剛結束激情式的大選，有正反兩面的想法，也是正常的。

陳水扁先生能夠在當選的第二天，就來看一個老和尚，是出於他的禮賢下士，博採建言，期以寬宏的胸懷來治國安民，這對於全國上下，應該是非常可喜的。對宗教界來說，稍後陳水扁先生也陸續訪問了天主教、基督教的領導人士，以及慈濟功德會的證嚴法師、佛光總會的星雲法師等人。

三四、政治大學上課・臺灣大學演講

三月二十八日，下午兩點至五點，應邀到國立政治大學擔任了三個小時的主講人。這項計畫名為「國家通識教育講座遠距教學」，是由教育部委託成功大學公共事務研究中心主辦，中華民國通識教育協會協辦。主持這項計畫的是前任教育部長中央研究院院士吳京博士，聯合了全國十五所大學，遍及臺灣全島。有學生參加聽課的學校是國立成功大學、國立中山大學、海軍官校、國立中正大學、國立雲林科技大學、國立勤益技術學院、國立中興大學、私立逢甲大學、國立臺灣大學、私立元智大學、國立政治大學、私立淡江大學、國立交通大學、私立銘傳大學、國立花蓮師院。不論國立私立，都是臺灣一百多所大專院校之間的名校，分別邀請十五種領域之中的頂尖學者，在十五所大學各做一次演講。

所謂遠距教學，就是透過網際網路大銀幕現代化教室的設備，同步同時在各校收視上課。它的目的是使得學生在自然科學、生命科學、社會科學、文史哲學等領域，均能兼顧發展。他所邀請的十五位國際傑出人士，是李遠哲、王永慶、吳京、田長霖、何大一、殷琪、殷允芃、陳定信、許倬雲、張忠謀、楊國樞、比爾・蓋茲、錢伯斯（J. Chambers，美國最大網路公司 CISCO 總裁）、曾志朗以及我。

我是唯一被邀請的宗教界學者，所擔任的課目是「宗教與人生」。我介紹了宗教的種類和性質，也介紹了臺灣現有的宗教人口，占了總人口的百分之九十，其中佛教徒是百分之四十，道教與民間信仰、新興宗教共百分之四十，天主教、基督教、伊斯蘭教共百分之十。我又提出宗教學和宗教信仰，與宗教修養是不同的，目前臺灣絕大多數的宗教徒，僅止於信仰的層面，只有少數的人，有宗教徒的情操和宗教生活的修養，也只有少數的人在研究宗教學。所謂宗教學，是指有關於宗教的哲學、藝術、文學，乃至於考古學、人類學、社會學。我們希望現代的年輕人，不要只是追求宗教的信仰，應該提昇到具有宗教的情操、宗教的修養以及宗教的學養。那就是如何促進：1.自我身心的調和，2.自我與人際關係的和諧，3.自我與全宇宙的融合，4.超越小我也超越大我。

這項課程的進行，也較為特殊，除了主講人是由我擔任之外，還有助講人參與協談。助講人是兩位中央研究院院士吳京、李亦園，以及兩位大學校長，政治大學鄭丁旺、華梵大學馬遜等，一共四位。像這樣的課程，也是我生平第一次經驗，當我講完一個小時，就由他們四位呼應我的觀點，同時也發表他們的觀點，然後再允許我回應他們的觀點。由於彼此的角度不同，深度各異，但都不出於宗教與人生修養的範圍。最有趣的是，也可以透過遠距的網路系統，接受各校同學們當場的叩應發問。

四月十二日，晚上七點至九點，我也應臺灣大學通識教育論壇負責人黃俊傑教授的邀請，擔任了一堂課——「我的學思歷程」，主辦單位是該校的教育委員會。被這個講座邀請的學著，幾乎清一色是當今的名學者，他們不僅在國內知名，在國際學術界，也都具有一定的地位。

從民國八十七學年度開始，已經邀請擔任這個講座的學者有楊國樞、吳成文（國家衛生研究院院長）、李遠哲、李嗣涔（臺大教務長）、張忠謀、陳維昭、錢復、辜振甫、黃崑巖（成大醫學院院長）、杜維明、許倬雲、劉源俊（東吳大學校長）、曾志朗（陽明大學校長，新政府的教育部長）、李亦園、胡佛，加上我聖嚴，一共十六位。從以上這份名單可以看出，這個論壇的素質相當高。它的對象是臺大的師生，前面幾位的論壇講稿，已被編集成書，名為《我的學思歷程》。我講的這一篇，也將被編入這一系列的另一本書。

談起我的學思歷程，跟其他的學者都不相同。我連小學也沒有畢業，中學、大學是空白，是以同等學歷和出版的著作，進入日本東京的立正大學，完成了碩士及博士學位。多年來，我從事於教育和研究的工作，寫了上百部著作，其中能夠算得上是學術和研究性質的也只有幾本。大概他們對我這個人的求學過程，以及從未中止研究，感到興趣，所以也將我列入被邀請的對象之一。

當天我把這堂課分成兩大段落：

（一）我的求學過程又分為四點

1.童年及少年時代，也就是私塾、小學、小和尚、佛學院。在這個時代，我已經發現佛教很好，應該要讓更多人知道。同時我已經閱讀了不少中國的古典文學、新文學、哲學以及西洋文學。

2.青年時代，在軍中看了不少書，在當時的臺灣，能夠看到的圖書，有商務的萬有文庫、漢譯世界名著、人人文庫、世界文學大系、文星叢刊、啟明書店青年百科入門等。對我啟發最大的有三套書：⑴梁啟超的《飲冰室文集》和《佛學研究十八篇》，⑵《胡適文存》，⑶羅素的《西洋哲學史》。同時又看了像托爾斯泰、海明威等的翻譯作品，以及甘地傳等的偉人傳記。在同一個時代，我也接觸到了香港由王道先生發行的《人生》月刊，常常讀到錢穆、唐君毅、牟宗三、徐復觀等新儒家學者的著作，也讀了《宋儒學案》及《明儒學案》。

3.青年時代進入中年時代，也就是從軍中退役，再度出家之後。為了想做一個不給佛教丟人的和尚，便深入山中，埋首於經藏。先以律藏為重點，再以阿含為基礎，同時博涉近代佛教所有大師們的著述。例如《太虛大師全書》、《印光大師文抄》、弘一全部戒律著作、印順法師各種著述、歐陽竟無居士及其弟子們的唯識學。因此知道了印度大乘佛教有三大系，知道了中國的大乘八宗，雖然各有所屬，多數是出於如來藏系統的思想。而以上這些大師們的看法都有些出入。當時有一位楊白衣先生，為我送到大批的日本佛教著作，他告訴我：「若是不知日文研究成果，等於是井底之蛙。」因此，自修日文文法，看懂了日文，好在戰前的日文著作，漢字很多，讀來並不吃力。在此期間，我完成了《戒律學綱要》、《比較宗教學》、《正信的佛教》、印度、西藏、日本佛教史等幾本著作，目前仍在流傳。

4.中年時代以及其後，那是去日本留學，並完成了最高的學位。在求學期間，發生了許多故事，例如沒有錢付房租及學費，在寫博士論文期間指導教授過世了、換了老師，夜以繼日地到處找資料、成年累月地撰寫論文。我的老師，都只叫我完成論文，沒有教我怎麼寫一部好論文；只是指出我論文的缺點，不告訴我如何去彌補這些缺點。這對我做學問來講，雖然吃力，但很紮實，所以我很感恩老師的那一種指導方式。我的思想，也在那個時代之後形成了自己的路線，我發現印順法師是回溯到印度佛學的源頭，太虛大師是以中國本土化為主的大一統格局；而我呢，希望整合這兩種觀點，成為現代化的世界佛教。

（二）我的研究和學以致用

我一向主張，做學問應該是「古為今用，溫故知新；立足中華，放眼世界」。所以從一開頭，就是著眼在佛法對人的有用，因此要認識它、弘揚它。這有幾個階段：在我三十歲之前，談不上所謂研究學問的工夫；過了三十歲之後，是綜合性的研究；在留學期間則是專題性的研究；在大學及研究所任教期間，是以漢系佛教為主、他系佛教為輔的開展性研究。同時我在東西方指導中國禪法的修行，禪的思想則分作兩個系統來探討：1. 如來藏的有，2. 中觀的空。

到了一九八九年開創法鼓山之後，提倡回歸佛陀本懷的人間佛教，建設人間淨土，則是我的重點工作。放眼世界，展望未來，不斷地學習新知，再對佛法的重新詮釋，重新發揚。基於這個立場，現在經常關心的是人心的正思、社會的平安、人類的快樂、眾生的平等、世界的和平，普遍推廣人間淨土的理念，則是四種環保及「心」五四運動的實踐。

三五、追求卓越的大師對談

去（一九九九）年的春天，法鼓山文教基金會幾位主管，和我討論二〇〇〇年要辦些什麼活動，才能對未來的社會有較大的貢獻？因此策畫了一系列對談、鼎談、座談的安排。至於邀請的人選，除了國內的，也希望有國際的，最好能夠安排一場到兩場和諾貝爾獎得主的對談。在此之前，我已經跟兩位諾貝爾獎得主舉辦過座談會，那就是達賴喇嘛和李遠哲。中央研究院的副院長楊國樞建議，在二〇〇〇年秋天，他們召開院士會議，不妨聯絡其中幾位得過諾貝爾獎的學者。經過多次的磋商，認為還是邀請李遠哲院長最為方便，很快的，也得到了李院長的允諾。時間是選在第十任總統大選之後與就職之前。

希望討論的一些問題，提供給新政府的領導階層，做為施政參考。那就是在二十一世紀，我們應該有些什麼樣的準備和需要？經過多次商討，首先界定在人文和科技、本土與世界。其中為我們聯絡的有兩人，一是法鼓大學校長曾濟群，一是臺灣大學教授黃俊傑，並確定邀請臺大校長陳維昭為主持人。接著就由聯絡人、主持人和我，共同商討主題大綱，達成三點共識：

（一）從人類社會的發展談生活科技與資訊科技的未來。

（二）多元文化的培養與社會價值體系的創造——多元文化與族群和諧。

（三）全球化與本土化——世界性思維與本土性觀點。

在主題確定之後，便於四月十日下午三點，專程到南港中央研究院，拜訪了李遠哲院長，當他看到對談的主題大綱，覺得很有內容，也極為鮮明。同時，我也帶了我的《法鼓全集》一套，贈送該院思亮圖書館。

我為了這場對談，收集了許多資料，也看了幾本以資訊科技和生物科技相關的著作。例如奈思比（Naisbitt）父女兩人合寫的《高科技．高思維》（*High Tech．High Touch*），這可以使我不致於在探討第一個主題的時候，變成目瞪口呆，一無所知，看了這些資料之後，再用佛法給予融會貫通。

四月十四日下午三點至五點，假臺北市圓山飯店國際會議廳，公開對談，上台之時，我由於多日來的極端忙碌，而且會議連連，已經到了精疲力竭的程度。因為白天沒有機會休息，晚上睡眠時間又很少，終日感到唇乾舌燥，兩眼浮腫，左眼的角膜充血，而且有些刺痛，不要說上下樓梯感到困難，就是上下汽車，也覺得費力。在這樣的身體狀況下，我真懷疑這場對談，還能從我的頭腦裡，擠出什麼對大家都有用的話來。尤其從去年春天以來，我的攝護腺有些肥大，膀胱收縮的功能弱化，所以引起頻尿。曾有一段時間，服用了榮民總醫院醫師處方的膀胱鬆弛劑，是美國製的 Hytrin，頻尿狀況有了改善。但是在這一段時間裡，由於忙得不可開交，加上也有醫師建議我不要常服西藥，因此中斷了一陣子，然而頻尿的現象又出現了。故對這場對談，真是有點力不從心。

座談一開始，就由主持人介紹我們兩位，然後請李院長先從第一個主題開始發表他的看法。他講了十五分鐘，內容很紮實，我竟然沒有辦法集中精神把它聽進去。接著由我發言，我首先提出了一份資料，那是根據勞勃特·康奎斯特（Robert Conquest）在去年底出版的一本新書《省思被蹂躪的世紀》（*Reflections on a Ravaged Century*）資料中告訴我們，在二十世紀的一百年間，非自然因素而死亡的人數，大約有兩億，其中三千萬死於戰爭，一億七千萬死於政治、種族、階級等的迫害。

到了二十一世紀時，雖然許多的科學家認為由於科學昌明，可以避免人類的戰

李遠哲院長與作者就跨越二〇〇〇年的前景進行對談。

爭。事實上除了不能夠消弭戰爭所帶來的威脅之外，生活科技和資訊科技的發展，也同樣會對人類的安全、社會的和諧帶來災難。

如何地未雨綢繆，是我們必須要思考的。因此，我也宣布了另一個訊息，就是奈思比先生發起了一項全球研討會議（The Global Academy），討論基因工程對於人類的影響。第一屆是今（二〇〇〇）年五月二十四、二十五日在北京大學召開，明年還有兩次會議，分別在歐洲及美洲召開，最後一次國際高峰會議，再回到北京大學召開。他們分別邀請了六大類世界頂尖的領袖人物為代表，繼續共同討論。所謂六大類的代表是科學家、生物倫理學家、宗教精神領域的神學家、藝術家、作家、以及科技管理界領袖。到目前為止，佛教徒中，已確定被邀請擔任顧問的有二位，就是美國哥倫比亞大學（Columbia University）的舒曼（Robert Thurman）教授和我本人。

第一次會議，我雖無暇出席，但在明（二〇〇一）年的會議中，我會提出代表佛教的看法，因此也建議我們新政府的領袖們，花一點心思在這方面。然後我提出了一個觀念，在發展科技的同時，要預防科技為人類帶來的後遺症；這必須要先預防，不能期待後來的科技，是可以處理以前科技所遺留的問題；但願未來的科技為全人類造福，而不是科技使人類受害。

李遠哲院長對科技是很樂觀的，不過他也認為科技的發展有助於人人平等，科技發展必須超越國與國的戰爭，才會給人類帶來好處。他又說，科技的發展如果還是運用在國家與國家的競爭的話，人類社會仍然得不到科技的好處。戰爭不是解決糾紛的手段，因此未來人類必須超越國與國競爭的格局，那麼科技發展才會帶來好處。

李院長對我所公布二十世紀非自然死亡的人數是兩億的數據回應，他說由於科技的發達，二十世紀比十九世紀的人口增加了數倍，所以還是合算。當然，他也注意到，造成人類非自然因素的死亡，應該是可以避免的。而我的立場，並不是說科技殺死了兩億人口，而是希望以人文思考和指導，避免人類的迫害殘殺，眾生平等，不應該讓一部分的人死於非自然因素，讓另一部分的人長壽健康。

後來討論到多元文化和本土化的問題。美國的社會，就是多元文化的結合，因此形成了具有特色的新美國文化。我們臺灣正在朝這個方向走，提倡本土化，也接受外來以及多元的文化。我說，拿宗教來說，多元化之後並非壞事，讓大家有更多的選擇、更多的觀摩切磋，以及不斷改善成長的機會。最後我又提出，中國的文化就是所謂由多種民族融匯而成的，漢文化並非一成不變，由於佛教的傳入，使得中國文化的內涵更豐富。這樣的觀點，李院長也是同意的。

接下來，討論本土化與全球化的問題。兩人都認為本土化是全球化的基礎，全球化是本土化的延伸，吸收和發展是互補的。如果僅僅死守著本土化，而排斥外來的，那是一條死路。談到對「中國人」的定義和看法，包括了主持人陳校長，三人都同意以血緣的、歷史的、文化的、語言的角度來看，絕大多數的臺灣人都應該是中國人；也就是指的漢文化、漢民族，在國際上一向被稱為中國（China）及中國人（Chinese）。政治的體制可以改變，中國人的事實是不能否認的，否則的話，臺灣跟對岸大陸的關係，會愈來愈麻煩，在感情上、言詞上都會產生衝突與爭執，甚至引爆戰爭，那是既不智慧也不慈悲的。

這場跨世紀的對談，的確有它的特色：

（一）由我們三人同台，是非常難得的，因為他們兩位是代表學術及教育的科學家，而我是宗教師。

（二）所談的主題，具有時代意義，雖然沒有談到政治和經濟，但對臺灣未來的人文政經的穩定成長，必然產生一些影響力。

（三）對於陳水扁先生登上總統寶座，李遠哲院長有著關鍵性的影響力。這場座談會的建言，應會有些作用的。

（四）對於臺海兩岸之間的緊張氣氛，我和李院長都在憂心忡忡，卻不悲觀。我祈禱兩岸的領導階層，都要用智慧和慈悲來互相包容，不要一個說：「你不聽我就打。」另外一個說：「就是打也不怕。」李院長正在主張地球村的遠景，何況臺海兩岸人民也從未有過深仇大恨。

抱病上台，並未失常，應該是佛菩薩的加被。此後我也一直害病，四月十七日到了美國，還是眼睛紅腫，氣弱聲啞，一直又拖了幾個星期。

三六、打七個默照七

二〇〇〇年五月六日至六月二十四日，我們在紐約的象岡道場，舉辦了四十九天的默照七。前六週是禪修，最後一週傳授菩薩戒。我們已經籌備了將近一年，主要的工作人員是龔太太吳淑芳菩薩。由於我的出家弟子果稠和果谷，現已返俗，果冶為仁俊長老的新州道場去做當家，剩下的只有果元和果順一男一女兩位出家弟子。要照顧道場事務以及禪修大眾的身心狀況，人手非常短缺，所以從臺灣帶來了六位農禪寺的綱領執事，包括三位比丘果品、果醒、果東，以及三位比丘尼果廣、果舫、果光。

這次的禪七，會有幾位常住法師來自臺灣，目的是在協助我，同時也讓臺灣的綱領執事，練習著如何舉辦長期的禪修活動，以便在臺灣的法鼓山，也能持續地推展長期的禪修活動。此外，不接受來自臺灣的信眾參加，原則上是以西方人以及住在西方的東方人為對象，從人數的比例來看，東西方人各占一半。

有趣的是，西方人以男性為絕對的多數，東方人則以女性為絕對的多數，從這一個強烈的對比，可以看出東方的男性從三十歲到六十歲這個階段，多半忙於事業的經營和開發，所以無暇參與修行的活動。西方的男性，在他們的生涯規畫中，會排出時間來做一些他們認為該做的、該學的項目。雖然他們也都有固定的工作，但他們會以休假、請假的方式，挪出時間來參加定期的修行。也許東方來的新移民還沒有學到這一點，所以仍然像生活在東方一樣，男性兢兢業業地努力賺錢，養家活口，由於女性負擔較輕，顧慮較少，所以有時間來參加修行。另外還有中國人的老觀念，認為吃素念佛是老弱婦孺的事，青壯的男士們如果精進學佛，就會被人譏為消極、迷信、軟弱，像這種想法是絕對錯誤的。今天在西方，接觸佛教是一種進步的、積極的、新興的人格修養，這種觀念與東方人的傳統想法，已經是南轅北轍了。

在這次禪七中，西方的男眾五十七人，女眾二十人；東方人的男眾二十三人，女眾六十七人，在四十九天之中分成三個梯次，一共一百九十人。他們除了來自美國國內的九個州之外，尚有來自英國、法國、瑞士、葡萄牙、以色列、波蘭、沙烏地阿拉伯、克羅埃西亞、澳洲、墨西哥、加拿大、馬來西亞、新加坡等十三個國家，也是我主持禪修以來人數最多、範圍最廣的一次。其中有十幾位，由於我的往訪，便跟著我從波蘭、德國、英國，一路追隨著我到了美國。有些地區，例如波蘭的經濟條件很差，有人在國內舉債或者是賣掉了自己的座車，才有錢買了飛機票來到美國，萬里迢迢，目的是為了求法，他們的熱忱和虔誠相當感人。

在這一次的禪修期間，我也始終在害病，除了象岡五、六月的天氣相當寒冷之外，感冒的人此起彼落，因為遇到了兩波嚴重的流行性感冒。幸虧每個星期，我只有一天和兩天做全天候的小參，其餘都由我的弟子們代勞，為禪眾們個別處理一般的身心狀況。但是，每天我還是有至少兩次的開示，早晨起床之後，以及晚上藥石之後，交替著用方法和理論，兼顧並重，為禪眾開示。幸虧有加拿大的呂一美，和正在紐約上州擔任社會學助理教授的李世娟，兩人輪流著為我擔任英語的翻譯。在我的出家弟子中，除了東初禪寺及象岡道場的住持果元，尚有來自臺灣的果醒和果光，都能用流利的英語跟西方人交談；果品、果東、果廣、果舫則為我照顧來自東方的華人；果順照料我的飲食，總算把四十九天拖了過來。

最後一個七天是傳授菩薩戒，如果沒有臺灣來的六位弟子，一定會手忙腳亂。這是我在美國第三次傳授菩薩戒，西方人在前兩屆中多半已經授過，所以這一屆

象岡道場的禪堂。

的戒子有百分之八十是東方人。能夠在美國傳授一次像農禪寺每年舉辦的那樣隆重莊嚴的菩薩戒，大家都覺得殊勝難得。

關於這次四十九天禪修的經過以及它的成果，已由《人生》月刊第二〇五期（二〇〇〇年九月號）刊出了特輯，從十四至五十五頁，共計四十一頁之多。馬來西亞的《福報》月刊二〇〇〇年九月號，也有一篇相關的報導，已可算是相當詳盡。至於禪修期間每天早晚開示的內容，已由翁蕙洵整理成稿，可資參考，我在本書中也不再重複了。

三七、第四度英國行

自從去（一九九九）年十月下旬，我到德國柏林主持了禪七之後，約翰．克魯克就為我在英國南部的一個禪修中心，安排了另一次專門為歐洲人主持的禪七。這是因為他在歐洲已經是一位相當知名的禪修指導老師，也曾經在蓋亞之家的禪修中心，帶過兩期的禪修指導。許多人都曉得他有一位正統中國傳承的禪宗老師聖嚴博士，所以託他安排，請我親自前往指導一次禪七。我在美國的四十九天禪七圓滿之後，就於六月二十九日的下午，搭乘德航的班機，飛往倫敦。

這是我第四次來到英國指導禪修，原先由於我工作太多，行程太緊，身體太虛弱，對這回的邀請婉拒了三次。可是從克魯克一次一次的電子郵件中，知道那是英國一個相當重要的禪修中心。這裡原先是南傳佛教上座部系統的居士專修道場，所以他們集合了歐美幾十個南傳佛教的指導內觀禪修的老師，輪流主持，這是個具有相當權威性和知名度的歐洲禪修重鎮。現在願意開放給中國大乘佛教的禪師來指導中國的禪修方法，還是他經過長時間的努力爭取來的，如果輕易放棄這樣的因緣，對中國禪在歐洲的推廣，損失就很大了。基於這樣的原因，我應該學習古德先賢們為法亡軀的精神，為了中國禪法的西傳歐洲，就是去送死，只要我能親自到一下，鬆一鍬泥土，撒一把種子，也是應該的。至於能不能開花結果，蔚然成蔭，那就看克魯克以及後人的因緣而定吧！反正我這一生，已經奉獻給三寶，只要一口氣還在，什麼地方需要我，如果我還能去，我就去吧！

這回我帶了四位隨從人員，一是美國的果元師，二是已去了加州聖地牙哥多年的王明怡，還有臺灣的張光斗和郭重光，分別為我擔任隨身照顧、飲食料理、英語翻譯以及錄影帶的拍攝工作。我們分成三路人馬，從不同的地區，以同一個時間到達倫敦機場會齊。

我和果元從紐約出發，經過六個半小時的飛行，抵達德國的法蘭克福機場，等候兩個半小時，續飛倫敦，經七十分鐘航行，降落倫敦機場。出了海關，已有一位克魯克的學生 Alex Lawless 在等待我們，他從威爾斯地區開了四個小時的車，夜宿機場外的停車場，在車內睡了不到兩個小時，就來迎接我們。他開了一輛九人座的迷你巴士，載著我們五人，另外還在機場租了一輛廂型的小巴士。他們以為我所帶的攝影小組，會有很多的器材和機器，其實那是上一次的經驗。這回郭重光只帶了一部小型的錄影機，根本沒有多少行李，既然車子已經租了，那也只好接受。只是張光斗一路上都在嘀咕著，說是讓他花了冤枉錢，我就安慰他，既然他是跟著我來的，應該算在我的頭上，請他不必擔心。他回說不論是誰付錢，不應該付的，就是我們的損失，為什麼不把這個錢捐給法鼓山，要付給英國人呢？我告訴他：能夠退的當然要退，沒有辦法回絕的，只有面對它、接受它，否則，使得許多人為這樁事而起煩惱，於事無補，何苦來哉！問題是出在往返信件的語文認知上，有了誤差而造成的。

三八、夏芬學院

從倫敦機場出發，行車經過四個半小時，抵達了英國南部叫作岱旺（Devon）的地方。我以為是已經到了禪修中心，看到克魯克以及一位女士正在路口恭候，似乎他們就是這裡的主人一樣。下車後，克魯克告訴我，他昨天從威爾斯來到這裡，想讓我在這個地方住一晚上，讓我見見他的兩個朋友以及他們的學生。然後將我引進一座古典型的建築物，同時向我介紹這兒是一座佛教學校，叫作夏芬學院（Sharpham College）。它建築在丘陵的高地上，前邊有一條運河，可以通到英國北部大西洋，在院子裡有兩個銅雕，其中之一是名雕塑家亨利．摩爾（Henry Moore）的作品。這座建築物的起源是一七七〇年代，一位皇家海軍的船長，從西班牙人的船上，搶到了大批的金銀，獻給英國的女皇，因女皇的封賜，在這個地方，建築了一座具有歐洲文藝復興時代特色的建築物。這棟房子的用處，和英國向亞洲開發有一些關係，所以當年印度的大詩人泰戈爾訪問英國期間，就住在這兒。

直到現在，泰戈爾住過的房間以及寫文章的客廳，都還是讓目前的主人所津津樂道的事。

這棟房子經過幾個主人的轉手，到一九六二年就被現在的主人毛利斯．阿西（Maurice Ash）先生買下。他對於東方的哲學很有興趣，偶爾會參加佛教的學術活動，有一次在一個聚會中，遇到了一對夫婦，他們曾在韓國的禪堂住過十二年，同時也曾是曾經受過比丘、比丘尼戒的僧侶，不僅對韓國的禪宗很熟悉，對西藏的佛學及語文也能精通。他們既是學者也是修行人，離開了東方之後，他們就還俗結婚，以居士身分在歐洲傳授佛法；那位先生史蒂芬．巴契勒（Stephen Batchelor）是英國人，太太瑪亭．巴契勒（Martine Batchelor）則是法國人。特別的是，史蒂芬已經出版了十多本書，他送了我三本他的著作：1. *Verses From The Center*，2. *The Awakening Of The West*，3. *Buddhism Without Beliefs*。其中的第三本是他在歐美世界的暢銷書，所以被毛利斯請來主持夏芬學院。陪著克魯克迎接我的女士，就是他的太太瑪亭。由於他們在韓國住了很久，所以能夠看得懂中文的書，並且用韓國的發音跟我講中國話。

這是一座農莊式的學院，在後院就是一個農場，學生們也要負擔整理、耕作的任務。我看到的學生只有九位，來自歐美各國，只修學分而無學位，是一個學期一個學期的計算，收費不高，但是他們過得非常地快樂。由於克魯克跟巴契勒是在學術會議上認識的，又在禪修的場合相遇，他們夫婦倆很想見到我，所以就安排我到達英國的第一個晚上住在此地。這使得瑪亭忙上忙下地張羅著我們的晚餐和第二天的早餐，但是他們忙得很歡喜。

第二天一早，我們參觀了這座農莊式的學院，從建築的內景，到前前後後的農院，和一片古木參天的私人公園。像這樣一個地方，一定需要相當數目的經費來維持，聽說除了毛利斯出錢之外，也有一個董事會為這個學院募款。毛利斯對他的這棟建築物，非常自信，也非常自傲，特別是進門口玄關的石砌地面，好像是太陽圖形的大理石鋪成，那是代表著航海家使用的指南針。那個玄關有八個角，八根柱子，代表著地球的四面八方。再往裡走，建築物的中庭是懸空的天井，頂上呈橢圓形，樓梯就沿著天井的周圍旋轉而上，共有四層，天井的頂端，則是由透明的玻璃作頂蓋，象徵著宇宙之光。

當天晚上，我被安置在二樓的一間大客房，據說曾有許多歷史上的大人物住過，相當寬闊，內置一張高大的木床，上面木頭的框架，大概是古代用來張掛蚊帳用的，有一點像中國古代的龍床。所有的臥具、枕頭、被子，都好像是特別為那張床鋪而備置的，非常氣派，但是因為年久無人使用，有一股濃厚的霉味，陰寒而潮溼。以我的健康狀況而言，當然無法承受。所以做為貴賓，被招待到這樣高級的房間，也會有難言之痛，我相信這不是主人所能料想得到的事了。

三九、蓋亞之家

七月一日，星期六。

我們從夏芬學院抵達蓋亞之家，它們都是屬英國南部的岱旺地區，相隔三十分鐘車程。這個團體創始於一九八四年，歷史並不悠久，如我前面所說，它原屬於南傳佛教的系統。有一位英國人在緬甸出家修行十多年，回到英國，就找了一個地方，開始指導當地人修行內觀禪法，近年來人數愈來愈多，正好有一個屬於英國聖公會的修道院，後繼無人，公開出售後，被他們以廉價購得，經過整修和加建，就成了現在的規模。

它有四棟主要建築：一棟是原來修女們的禮拜堂，現在用作禪堂，可容納六十到八十人同時打坐；另外三棟，是三層樓的宿舍、辦公室、圖書館、廚房，占地五英畝。現在不僅在庭院中有修女們的墓園，我數了一下，用木片貼地樹立的小墓標，就有三十五個，而在禪堂的背牆及另棟宿舍的牆面，都還留著十字架的圖形。

大概是為了紀念它的創建者，並且尊重曾經在這兒修行過的修女們，所以並沒有把它們撤遷和拆除。若非用心注意，已經不會使人感受到這是一個基督教的修道院。

如前面所說，目前的蓋亞之家，除了是以南傳的內觀禪法為其主要的修行之外，也接受了西藏、日本、韓國以及中國的禪佛教。例如曾經在韓國修行十多年的巴契勒夫婦以及克魯克都已被邀請，成為他們的老師。從他們的行事曆可以看到，在一年之中，有三十六期的禪修活動，為期分別是七天、三天、一天，收費都不貴，他們只要能夠維持請老師的費用，以及修行期中基本和簡單的生活費用。那兒的服務人員都是修行人，現在有六位稱為經理的工作人員，經理每個月只有六十英鎊的零用錢，分擔著各項經營和維護的工作；另外還有兩位義工，在那兒長期修行，他們叫作工作修行（work retreat），除了一天之中有數次打坐，便從事照顧庭院、廚房及清潔等工作。像這樣的禪修中心，是一般歐洲人都有經濟能力來參加的。因此，對於我從美國和臺灣兩地，帶了四位弟子去主持禪七的費用，他們是討價還價，只能負擔果元師和王明怡的兩張機票，否則就會超過他們的預算了。

最老的一棟房子建於十八世紀，老鼠很多，不久之前他們請了專家用藥物清除，老鼠是暫時不見了，卻發生了老鼠的屍臭味，屍體不知隱藏於地板或天花板

蓋亞之家的禪堂由禮拜堂改建，仍保留十字架。

的什麼地方。而做為老師臥房的那間，味道特別濃厚，雖然用了一種香料噴灑，反而使得空氣更混濁，味道更難聞。我跟果元兩人在那兒住了一個晚上，覺得天昏地旋，呼吸困難，胸部脹痛，不斷地咳嗽、流鼻涕。如果繼續住下去，這個禪七我便沒有辦法主持了，所以向克魯克要求，希望能讓我搬到附近的客棧去住。這對於禪眾來說，可能會影響他們的心理，在他們那邊也還沒發生過這樣的例子。結果就讓兩位克魯克的熟人，跟我們兩人把房間對調，使我們住到新建的一座寮房三樓。雖然小了一些，而且浴廁是大眾共用的，但是空氣清爽，這比什麼都重要。兩天之後，和我對調房間的其中一位，又從那個房間搬了出來；另外一位身體強壯，很少睡覺，很少進房間，倒沒有說什麼。

我希望並且祈禱那個老師的房間，鼠屍味早日消除，否則下一位老師來，問題還是同樣存在。真是阿彌陀佛，目的是驅鼠，結果是殺鼠，也是顛倒，必須承受因果報應，這也可能不是蓋亞之家那些經理們始料所及的。也因為如此，我們每隔一天，就到張光斗他們兩人在附近所住的旅館洗一次澡。

在英國的南方，似乎很少看到平原，岱旺地區也是一片丘陵，附近農作物不多，倒是處處牧場，牛羊遍野。跟蓋亞之家貼鄰的，就是一座牧牛場，每天只要在

蓋亞之家的塔。

英國鄉下古色古香的房舍。

戶外經行，就跟牛群對望。而蓋亞之家到處花木扶疏，幾十棵大樹都有百年以上的樹齡，入夜時分，會有幾百隻烏鴉倚立在樹梢聒噪；清晨之後，又陸續地分散飛走了，這就是烏合之眾吧！這兒的鳥類有十多種，不過還不像美國象岡道場有那麼多的鳴禽，牠們似乎也都是在修行默照禪或是南傳的內觀禪。院內的環境，很像是世外桃源的叢林，就像我見過許多歐洲的修道院一樣，非常重視清幽、樸實、整潔的美化。而當地的氣候，跟美國也不太一樣，雖然已進入夏季，早晚還是相當有涼意，晚上我要蓋兩條棉被，白天要穿上毛衣，早晚還得披上披風保暖。當地每天下午都會下一、兩次小雨，風不大，出大太陽的時間很少，這大概就是英國人喜愛的環境吧！

這一次參加的禪眾一共有六十二人。其中有來自比利時、美國以及蓋亞之家幾位傳授內觀禪的老師，聽說特別是衝著我教默照禪而來的。除了絕大多數是英國本地人，尚有來自波蘭、德國、法國、瑞士等地的人士。

其中有一位女士的身分比較特殊，她曾經在日本禪院出過家，現在是聖公會一個修道院的修女，她依舊是在用禪法來做為她修行的方法。她的觀念總認為佛性和上帝是一樣的，見佛性就能見到上帝，見上帝就能見到佛性。而她的修道院不僅允

作者和蓋亞之家的禪眾合影。

許她出來參加禪七，也贊成她在修道院教人打坐。當我講到智慧和空性，就是佛性的時候，就使她有一些不知如何是好的感覺，為了不使她失望和有挫折感，我就沒有特地為她點出禪的頓悟成佛，與基督教的終極歸主的不同之處。

另外有一位自稱是同性戀的男士，在禪七期間，情緒的起伏比較大，甚至有一度打算中途離開，經過勸勉安慰之後，還是完成了七天的修行。我特地給他做了一些開示，讓他感覺到他並沒有被任何人歧視。這使我發現，有這種傾向的人士，性格非常善良、溫和，只是好像有一些孤獨，往往會懷疑他人可能傷害他們。本來我是一視同仁，不會對某一個人特別照顧，後來才知道他是需要有更多的關懷和鼓勵的。

至於這一次我在蓋亞之家講些什麼？主要是將我所傳承的話頭禪、默照禪的修行方法和觀念，向他們做了扼要的介紹。最後應克魯克的要求，也重點性地介紹了《華嚴經》的淨心緣起、法界緣起、性起思想，以及初發心時便成正覺，是圓教的相即相入、因果同時，在過去的禪七中是很少這樣講的。

當在講到慚愧、懺悔、感恩的時候，許多人感動得淚流滿面，泣不成聲。尤其在最後一天的開示之中，講到他們這一班精進向道的歐洲人士，很有善根也很有福報，能夠接受到世界各系的佛教大師們所傳授的心法。而在今天的亞洲，特別是釋迦牟尼佛的祖國印度，以及大乘佛教的發祥地中國等亞洲各地，有二、三十億的人口，正在等待著佛法的智慧和慈悲去滋潤。我自已已經年紀老了，這個心願可能要等待後繼的大菩薩們，再從西方傳回到東方去。當時我邊說邊流著眼淚，多數的禪眾也跟著我流下了感動的眼淚。至於我在禪七中還講到那些？詳細的內容已由姚世莊將錄音帶整理成文，有興趣的可以參考。

四〇、畫眉鳥洞佛教修道院

上午十點離開南方的蓋亞之家，向英格蘭北方的 Northumberland 出發，經過八個小時的車程，從倫敦和曼徹斯特旁邊穿過，到達了濱臨大西洋海拔兩千九百零二英尺的一座高山上。那是一座佛教的修道院，叫作畫眉鳥洞佛教修道院，它是一個世界性的佛教團體，總名稱為佛教禪修會（Order of Buddhist Contemplatives）。

它的創始人是英國的比丘尼慈佑．甘洒迪（Rev. Master Jiyu-Kennett），在一九七二年開創。她在日本東京總持寺修行了十多年，得到了曹洞宗的傳承，然後到馬來西亞受了中國系統的比丘尼具足戒，直到一九九六年圓寂。她在歐美地區，仿照天主教的修會制度，成立了佛教禪修會。到目前為止，美國、英國、加拿大已經有了兩座總道場和九所分支道場。除了美國加州的 Mt. Shasta，以及英國北方的 Northumberland 這兩個總道場，稱作大修道院（abbey）之外，其他的都是小修道院（priory）。

佛教禪修會的總負責人就是同一個創始人，當慈佑比丘尼物化之後，美國和英國兩個大修道院，各產生了一位住持（abbot），分別統領美洲和歐洲各分支道場。因此，美國加州的大修道院實質上是比英國的大修道院統率的道場要多，它包括了美國及加拿大，共有六個分支道場，英國的只有三個，現在荷蘭的阿姆斯特丹，正在開創另一個歐洲的分支道場。他們的總會是由英美兩地共同選出一位會長及副會長，現任的會長是美國人，副會長是英國人，都曾經擔任過總道場的副住持。總會不管行政、人事、經濟，只負責各道場之間的溝通與協調，以求得精神的、觀念的、形象的統一。

由於創辦人是女性，因此，這個團體最大的特色是男女平等。但是現在男性比丘人數已經超過女性的比丘尼，所以兩個總道場的住持都是男性，而且是由前任住持指定的終身職。然其不論男眾女眾，一律稱為monk，也同樣可被尊稱為reverend。他們不僅在同一個寺院，甚至共住一個禪堂，工作的分擔也幾乎是平等的。因為他們的生活方式，已經近乎於苦行，非常嚴格地遵守出家戒律，所以不會發生男女的感情問題。

我去訪問該處的因緣，是由於克魯克曾經在十多年前訪問過那個修道院。因為地處高山，終年寒冷、潮濕，每到十月之後，往往會積雪到六英尺，要到第二年的五月，才能跟外界交通，所以到了山上，就相當封閉，但也非常適合長期的禪修。他們的創始人過世之後，跟日本的關係也因此切斷。今（二〇〇〇）年春克魯克在一次集會中，遇到了現任的住持摩根法師（Rev. Master Daishin Morgan），談起我是中國禪宗曹洞、臨濟兩大系統的傳承人，而且日本的禪就是從中國傳入的，所以建議他來參加蓋亞之家我所主持的禪七。但是由於那位住持最近腰背疼痛，病得很重，住在醫院，所以希望我親自訪問他的道場，為他們的僧團帶去一些禪宗源頭的訊息，給他們若干鼓勵，不要走向與社會脫節的局面。

因此，雖然要經過一天的長途顛簸，我還是被他們請上了山。我跟克魯克說：「剛剛結束了禪七，馬上又到寒冷的高山訪問，恐怕我的體力無法為山上的僧眾上課、講開示。」他說：「沒有關係，只要師父親自上山一趟，讓他們一睹風采，已經給了他們很多的鼓勵。」的確是這樣的。

我們穿過綿亙的丘陵，登上荒涼的高山，抵達這座修道院所在地。這是一座山谷，住了幾十戶人家，竟予人有柳暗花明、山光水色、別具風味的感覺。這座修道院原先是一座農莊，經過修改增建而成，我們到達的時間已經是傍晚，有一點細雨，也拂著冷風。首先看到一群野兔，有十多隻，正在院內嬉戲和吃草，見到我們，就像家畜那麼的馴良，不怕生人，我還以為是寺裡所豢養的寵物，其實牠們是野兔。因為在修道院受到人的保護，所以牠們什麼也不怕，聽說只怕方丈的那一隻狗，為了保護野兔，只好委屈那隻狗，經常拴著，關在室內，這也是非常奇特的景象。

住持摩根法師，本來是在山下療養他的背疾。可是當我們下車之時，這位修長、文雅，講話帶一點口吃的住持，已率眾列隊相迎。我問他：「怎麼回來了呢？」他說：「有這樣的大事，怎麼可以不回來？」然後介紹他的男女兩位副住持。還有一位比丘尼用中國話向我請安，並說：「非常歡迎。」這讓我非常驚奇，在這裡怎麼可能會有人講中國話？我問她：「到過中國嗎？」她說：「沒有。」她的中國話是在荷蘭的萊登大學（Leiden University）學會的，現在她就在荷蘭開創了一個分支道場。

首先他們把我迎進住持的方丈寮喝茶，然後為我們送單，拿行李到當天晚上我們住的房間。根據克魯克的記憶，這兒好像只有日中一食，不僅沒有晚餐，連早餐也不吃的。而我的腸胃必須少量多餐，雖然在上山之前，吃了一些東西，經過幾個小時之後，我沒有飢餓的感覺，但是相當怕冷，正想是不是請張光斗菩薩煮些什麼時，他們的知客就來請我們去用晚餐。問他：「是特地為我們做的嗎？」知客說：「不是的，山上的僧眾大家都要吃晚餐。」原來他們的生活方式有了一些改變。

我們一行七人，除了五個中國人，還有約翰．克魯克和賽門．查爾得（Simon Child）。我們所住的那棟二層樓房，是在我們來訪之前剛剛修建完成的。所有的設備幾乎跟市區的高級汽車旅館相同，是專門為了接待來訪的貴賓和在山上短期修行的信眾居住之用。我們好像是他們的第一批客人，所以樣樣都是新的。雖然室外陰寒、潮濕，加上呼呼響的勁風，然而在室內仍然是相當舒適，夜間也睡得很好。

隔天是七月九日，星期日。前一天晚上已被告知，他們起床的時間是四點半，五點早課，六點晨坐，七點早餐。能參加他們的共修，當然是非常歡迎；如果由於旅途勞頓，希望多一點時間休息，只要趕上早餐即可。我告訴果元，他是一定要參加的，才能知道山上的修行生活和修行方式。我自己因為年紀大了，等到他們晨坐結束之後，我會上殿拜佛，而那位摩根方丈也希望有一個正式的儀式，為我接駕禮座。

他們也打板，也用木魚和引磬。只是在上早課的時候，誦經用木魚，唱讚則是用鋼琴伴奏著詩歌讚誦，聽起來很像是在教堂裡所參加的彌撒和禮拜的那種氣氛。他們穿的僧服，除了領口像我們一樣之外，既不像海青，也不像長衫，是淺咖啡色的，有點像修道院的修士服，袈裟則與我們相同。

禪堂是左右兩排坐臥兩用的禪床，跟中國大陸的禪堂相似，打坐的位子就是他們睡覺的位子，是一種長連床，它的另外一個名字叫廣單。靠牆的一端有兩尺多高的床頭櫃，那也是每一位禪眾置放臥具、衣物的壁櫃。比較特殊的是靠走道的一端，有兩塊活動木板，如果有人不能夠適應盤腿的坐法，就把木板移開，兩腳向床洞下垂直，踏在一塊木板上，但這平常是不會打開的。我真佩服他們設想周到。

他們是男女兩眾共住一個禪堂，晚間打坐之後，養息之前，會在中間拉上一道臨時的隔障，使得兩邊的住眾，彼此不會互相看見，即使有些聲音也是聽不到的，直到第二天晨坐開始之前，才會再度打開隔障。當然，他們男女兩眾，各有盥洗衛浴設備及更衣的房間。如果有病，則有另外養病的寮房，據說通常罹患小病的僧眾是不會願意進入那種寮房的，所以他們的生活是非常清淨和精進的。

在晨坐之後，我被他們的副住持迎請到大殿，全體四十多人分列兩序，由住持請我站在佛前，他披著袈裟展開大具，向我行三頂禮的儀式。他們真是把我當作禪

畫眉鳥洞佛教修道院裡的佛堂。

宗源頭祖脈的代表，以大禮迎接。然後把我引到禪堂右側祖堂，讓我們看到他們的傳承，分成兩個系統：戒是中國的，禪是日本的。牆上掛著五幅畫像，代表著五位祖師，第五位就是慈佑比丘尼。他們對於自己的傳承非常重視，對自己的老師也非常尊敬，凡是老師也就是創始人所立的規矩制度，包括指定的繼任人選，都有非常強的歸屬感和向心力。所以在他們的老師過世之後，雖已經四年，還是像他生前一樣，僧團的人數，只有增加沒有減少，兩位被指定的住持也順理成章，分別成為歐美兩地的老師，他們稱為Master。例如現年四十九歲的摩根法師，在他師父的門下，不是年齡最大，也不是出家最久的人，而是親近老師最多，最受老師信任的人，所以現在他就是這個團體的老師。

早餐之後，大家都有工作，我被住持法師帶領參觀他們的環境，看到他們都在不同的位置工作。我在廚房看到三位，縫紉間兩位，出版部三位，庭院四位，還有六、七位正在維修房屋。讓我印象最深的，是男女兩眾都在粉刷牆壁和整修房屋，戴著安全帽，穿著工作服，肩上扛的，手上推的，以及站在鷹架上的，幾乎就是專業的土木工程人員，令人無法想像他們就是搭衣持具、上殿打坐時的那群男女僧眾。據住持告訴我，他們山上很窮，而建築工人的工資很貴，修道院中的修建工程，都靠自己動手，最多請做建築師的信徒幫助他們畫圖，其他施工過程中所有的一切，包括那一座招待貴賓的兩層樓房新建築物，便由僧眾自己料理。因此把他們訓練成為無所不能的全才。住持說，好在現在的各項材料以及工具都很方便，只要照著說明書去做，就可以完成了。

這位住持甚至還是一位無師自通的雕刻家，正在雕鑿一尊和人等高的觀音菩薩石像，初看起來雖然有些粗糙，神情姿態還是滿像的。他又告訴我，他們這個團體，任何人出家，改裝時的第一件僧袍，必須自己親自縫製。我看到一位比丘尼，原係牛津大學的博士，正在縫紉室裁製僧衣，她說自己做的衣服穿起來是最舒服的。至於廚房的工作，他們也是逐年輪流擔任，好在英國的食物，不像中餐那樣複雜，主要是學會麵粉發酵和烤麵包的技術，其他的菜蔬，不是烤煮，就是生吃，反正作料都可以買現成的，所以生活在英國的修道院，是非常簡單容易的。

山上另一個特色，除了禪堂之外，還有個人打坐的小屋。有一間距離主建築群五百公尺處的一間木屋，裡面有一張小供桌和一尊小佛像，在供桌前的地面，一張矮禪凳上放著圓形的坐墊。室內的空間僅容一人打坐，關起門來連伸展手腳的餘地都沒有，兩側有兩個小窗戶。我看到正好有一位居士在裡面打坐，聽說需要事前向管理人員登記，打坐時間少則個把小時，多則半天。這個設計就是不讓人在裡面懈怠，也不讓人在裡面無聊。另外有幾間木屋，距主建築群更遠一些，可以在那裡面打坐和休息，甚至於幾天幾夜，或者是一週、二週、一個月的單獨修行，有一點像是關房。該處的小徑，相當潮溼泥濘，所以沒有帶我去參觀。

當天我在那兒跟他們的僧眾，舉行了兩次座談會：一次是上午十一點至十二點三十分，另一次則是下午四點至五點三十分。這對他們來講是滿重要的，因為正是他們所期待的。我沒有採取演講的方式，而是建議他們提出他們希望知道的問題，讓我來回答。一共有十五個問題，包括住持本人以及男女僧眾向我交叉的發問，譬

與畫眉鳥洞佛教修道院裡的僧眾舉行座談。

如說：我個人是怎麼修行的？開悟的意思是什麼？對出家的身分和出家的觀念如何來界定？如何在寺院中生活還不會與社會脫節？只管打坐的方法和參話頭的方法比較起來，只管打坐似乎是消極了一些，我的看法如何？如何建立好師父和徒弟之間的關係？等等。問答的內容已由姚世莊整理成文，可資參考。

七月十日，星期一。從畫眉鳥洞出發到機場，要經四、五個小時的車程，而且又剛好是上班的時間，為了趕搭上午十點三十分於曼徹斯特機場起飛的班機，所以必須在凌晨四點十五分起床。寺院的住眾必須起得更早，為我們準備早餐。在三十分鐘之間，完成盥洗和進用早點。

想不到的是寺院送了我兩個大紅包，這全是中國的禮節，不知道他們是從那裡找來的中國紅紙封，我也不知道裡邊裝了多少錢，便原封放在佛前做了供養。我說：「我沒有帶任何供養來，接受你們的招待，已過意不去。」他們則說：「師父給我們帶來的是金錢買不到的，也是我們最需要的，已是最大的布施。」他們並沒有像中國人那樣，你推我拉地勉強我一定要接受那兩個紅包。讓我非常感動的，是全寺的男女僧眾，在未露曙光的夜色之中，為我列隊送行，依依不捨，一再地說希望能再見到我。我說世界很小，只要有緣，一定會再見，不一定我到英國，他們也可以到美國和臺灣來。

四一、我的健康、團體、傳譜

自從七月十一日從歐洲回到臺北之後，雖然身體的健康並未好轉，經常有氣無力，甚至講話聲音微弱，喉嚨沙啞，常常頭昏目眩。由於工作太多，事情太雜，每天睡眠時間不夠，胃口不開，也不感覺到飢餓，只是相當虛弱。每天服用自然的營養食物，胃部常有脹氣，消化機能遲鈍，只好把自然食物的錠劑停了。經常要看醫生，又不敢吃藥，有的醫生要我用中藥，有的醫生要我停止一切的中西藥，我自己在沒有辦法支撐時，就只有找西醫打點滴了。不論中西醫生，都是虔誠的三寶弟子，也都盡心盡力，使我非常感恩。我也經常相當平靜、喜悅，因為像我這樣身體的條件，病了一輩子，已經活過七十歲，還能夠在菩薩道上繼續地走著，當然值得高興！這次在國內去榮總檢查了兩次，以及其他的診所和臺大醫院及個人的醫生，看了幾十次。我是既不會被醫生嚇到，也不會討厭醫生的忠告，我覺得需要用藥就用，應該停止用藥就停，需要檢查就去檢查。我既不會說已經活夠了，也不會說希望再活多少年，我不會虐待自己，也不會擔心死亡，所以一路抱病一路還是活著。

在我這趟回到臺灣的三個多月期間，除了例行的許多會議，也有不少以往不曾有過的活動。七月二十四日至三十一日之間，舉辦了第一屆的念佛禪七，過去只有禪七和佛七，也用禪修的方法在輔助念佛的功能，還沒有正式把念佛算作是禪七。這回是把念佛的淨土法門，回歸於禪修的一項活動，念佛本是六念之一，也是禪觀的一種，念佛禪七的目的不在求感應，不求見瑞相，不求見佛國淨土依正莊嚴，而在達成《楞嚴經．大勢至菩薩圓通章》所說的：「都攝六根，淨念相繼。」然後把「淨念」二字分成專念、一念、無念三個層次，目的是能夠在修行念佛法門的當下，見到自心淨土及自性彌陀，就能心淨國土淨而體現人間淨土。其實，我曾提出四種淨土觀：他方淨土、天國淨土、人間淨土、自心淨土；它們只有心願及層次上的不同，並沒有本質上的差異。今後的法鼓山，除了依舊還有彌陀法門的念佛佛七，也會舉辦禪修性質的念佛禪七。

這次回到臺灣期間，有兩場皈依祈福大會：一場是七月十六日借臺北市士林中正高中大禮堂；另一場是七月二十二日在高雄鳳山勞工活動中心。兩場共有三千多人發心皈依三寶，這是歷年來所辦皈依典禮人數最多的兩個梯次。二十二日上午，也抽空去了美濃鎮朝元寺我曾經閉關的道場，做了一次舊地重遊，見到了那兒的老當家師慧定比丘尼和他的弟子，也到該寺的開山能淨長老塔院上香禮拜，感恩他們當年的成就。關房已被拆除，老住眾們早已作故，當年的年輕一代也垂垂老矣；舊地尚在，景物易貌，溫馨未改，人事無常。

八月二日，我主持法鼓山第二屆僧團大會。在農禪寺的新禪堂，由惠敏法師為我們擔任主席，會中也選出僧團代表，以及賢首院上座比丘、比丘尼，逐條通過了「法鼓山寺組織章程」。這使得法鼓山的僧團，有了一部根本的母法，類似於國家的憲法，所有一切制度的建立，都可依據此一組織章程來制定了，對於僧團的人事組織和領導人的產生，以及監督權的行使，都有了明確的規定。因此，法鼓山這個團體不論有沒有我這個人，都不會有多大的差異，法鼓山的共識以及對於佛教和社會所負的責任，也在組織章程中有明確的規定。這不僅是法鼓山歷史性的一樁大事，也是我們這個團體跨出了可大可久、永不動搖的一大步。過去有許多人為法鼓山擔心：一旦當我聖嚴不在的時候，這個團體由誰來領導？現在應該可以安心了，章程中規定我的繼承人選，若非由我預先指定，就由僧團代表選舉禮聘具德者擔任，當我隱退之後，法鼓山這個團體，絕對能夠繼續為人間奉獻。

另有一事，名作家施叔青女士為我寫的一本傳記《枯木開花》，由時報文化公司出版。因為是名作家寫我的傳記，被文藝界形容為「夢幻的結合」。尚未下筆之前，已有幾家大出版商向作者爭取出版權，出版之後，也真的造成書市的轟動，連續被列為臺灣暢銷書排行榜，這是在林其賢教授為我編寫的《聖嚴法師七十年譜》兩大冊出版之後，唯一一本具有代表性的我的傳記。雖然見仁見智，讀者們有不同的反應，書評家都說這是一本好書。對作者來講，下了很大的工夫，是一部很有功力的傳記文學；這是高難度的挑戰，她沒有失敗，而是很成功的。

《枯木開花》的作者施叔青於新書發表會現場。

本（二〇〇〇）年三月份，由法鼓文化出版我的《七十年譜》。雖然在文化界的新聞媒體沒有造成像《枯木開花》那樣的熱門和轟動，對於我個人學思修

作者參加《枯木開花》新書發表會。

行的人生歷程而言，要比傳記翔實豐富得多。林教授花了十多年的時間，遍讀我的著作以及相關的資料，以編年式的體裁，用文言文寫了四十六萬字，使我不得不在該書的序言中說：「許多東西，連我自己也有意無意地早就遺忘了的，卻都在這部『年譜』中現了原形。」做為歷史的、學術的、思想的、行誼的個人重點資料而言，這是一部相當忠實而詳細的著作。我個人有沒有年譜並不重要，為後人留下這個時代社會和佛教的歷史，應該是很有價值的。

四二、成為媒體的焦點·預立遺書

這一陣子，我們法鼓山在臺灣新聞媒體的曝光率非常頻繁。二十多年前，我希望媒體發一則消息都相當困難，例如每年一度的冬賑慰問，也只能在地方版的一角刊了幾行字的報導。而到最近甚至有人向我建議和提出警告說，媒體曝光率過分高了，會有兩種狀況出現：1.引起局外人的眼紅、嫉妒，而挑剔、破壞、批評，這是所謂樹大招風、名大招嫉的原理。2.如果常常出現在媒體上，不會再引起大家注意你究竟是在做些什麼？講些什麼？反而使得大家變得印象模糊，無法傳遞我們希望告訴大家的觀念。

當然，我想我們只是希望能夠把所做的事和所推動的理念跟大家分享，並且呼籲社會大眾，參與我們所做社會淨化的運動。而且也只有我在國內的期間，引起媒體報導的興趣，另有一半我在國外的時間，大家就不知道我們在做些什麼了。不過我也相信，因為媒體大量報導引起非佛教徒的反感，應該是還會有可能的。當年國

九二一臺灣人心地標平安鐘落成典禮。

民黨政府高層人士都信基督教，常常在媒體上出現基督教的文宣，看來都很有魄力，在部分佛教徒之間，也曾有些議論。

今天的臺灣，佛教的氣勢似乎滿盛的，引起其他宗教側目，應該也有可能的。好在我們沒有排斥和壓制其他任何宗教，並且盡量跟一切宗教保持友誼的聯繫。尤其我們這個團體，沒有運用任何權勢來取得什麼便宜，更不會有不利於其他宗教的活動，我們必須隨時小心，保持低姿勢，不可以不謙虛。因為我們並沒有要跟任何團體或任何宗教競爭什麼，只是希望把佛法的慈悲和智慧分享給社會大眾，也希望任何宗教貢獻他們愛的力量。

這一回被媒體大量報導的有幾項，例如：《枯木開花》的出版；凌陽科技施炳煌、吳宜燁夫婦的捐款；聯合國千禧年世界宗教與精神領袖和平高峰會議，我擔任開幕典禮中的主題演說；應邀至立法院聯誼會演講；與臺北市政府馬英九市長對談；在國家圖書館跟教育部長曾志朗、臺大校長陳維昭鼎談「生命的教育」；九二一臺灣人心地標平安鐘落成典禮；社會菁英禪修營之中來了林青霞、曾志偉、衛子雲、吳宗憲、曾慶瑜等五、六位演藝界的名人；還有我在新竹清華大學和該校劉炯朗校長、交通大學張俊彥校長、工研院史欽泰院長、聯華電子曹興誠董事長舉行了一場「菩提樹與蘋果樹的對話」。以上都是臺灣各媒體大篇幅報導的重點新聞。

特別是九月十一日的生命關懷（生命的教育）座談會中，因其目的是鼓勵大家成年之後，都能預立遺書，我公開提出了我自己的遺願書，被《聯合報》一字不漏地刊出：「一、病危醫療照顧：我若病危已失神智，而也確定不能復甦時，請讓我有尊嚴地自然往生，勿用機器來增加折磨。二、身後事的處理：我是佛教徒，悉從佛化的臨終助念及簡樸莊嚴的追思火化。勿建墓塔、勿立碑像，乘風化去，隨水流逝。三、財物及事物處理：我是僧侶，任何財物，不屬俗家親屬，不歸任何私

「菩提樹與蘋果樹的對話」。

人，一切權責均由法鼓山僧團依制依法處理。」這是向社會大眾提供一項簡例，但也引起學界重視，認為我私人名下若有財物，依現行法律，仍歸親屬所有。事實上我私人沒有存款也沒有不動產，只有代表團體的財物簽名，所謂「依制依法」，是依僧制依佛法。不過對於我的善意糾正，我很感謝。

其他小篇幅報導的活動，尚有：法鼓大學舉辦的「中華傳統文化的現代價值」學術研討會，於臺大思亮館會議廳進行了兩天，臺灣海峽兩岸一百六十二位青年學者參與；我到臺大醫院為他們的醫護人員所做的演講；臺中分院落成，也有一場我與社會菁英對話。現任總統陳水扁先生召見；前任總統李登輝先生到農禪寺討論如何禪修；以及前任副總統、現任國民黨主席連戰先生夫婦及其子女，前行政院長蕭萬長先生，前總統府祕書長章孝嚴先生夫婦及其子女，前教育部長楊朝祥先生，現任總統府祕書長游錫堃先生夫婦等知名政黨人士，先後來到農禪寺訪問。

四三、人文社會獎助學金獲得捐款

一九九七年九月，為了紀念先師東初老人，在農禪寺首次舉辦梁皇寶懺法會，籌得新臺幣三千多萬元，做為東初老人紀念獎學金；第二年有一位果福居士，將往生前的積蓄捐給了法鼓山；今（二〇〇〇）年春，我的專案祕書廖雲蓮兄弟姊妹，為其母親往生，也捐了一筆錢。金額相加起來總共是新臺幣五千萬元，因此，就計畫設立傘蓋型的永久紀念獎助學金，為二十一世紀的人文社會做一些有意義、有方案的獎助。因為我自己的過去世沒有積德修福，所以求學的過程崎嶇艱辛，為了報答曾經以順逆兩種因緣幫助我的許多恩人，所以願意與社會各界的人士，共襄善舉，鼓勵大家，撙節婚喪壽慶等各項儀典費用，來個別設立永久性的紀念獎助學基金，我們的基金會願意代為管理和運作，以便一般款額不夠成立法定基金會的人士，也能參與我們，設置個別名義的永久紀念獎助學基金。醞釀了兩年多，到今年一月十日，這項以五千萬元為基金數額的基金會正式成立。它的董事除了我及惠敏法師二位僧團代表，其餘都是企業界、教育文化界的傑出人士，包括臺南大億集團的董事長吳俊億、長榮航空董事長鄭深池、勤益會計師事務所負責人王景益、現任臺大校長陳維昭、中央研究院院士兼蔣經國基金會執行長李亦園。

董事會成立之後，我一直在思考，如何將這項很有意義的事業公諸社會，以便聚沙成塔，集合眾人的力量來為眾人服務。我只是提出構想，真正的力量是來自於廣大的社會，多人響應就成大事，少人響應成就小事，無人響應便不能成事。能夠成功，是屬於大眾的悲願和共同的需要；不能成功，則表示我的構想錯誤，或因我個人的福德不足以向廣大的社會號召。無論如何，要讓大眾知道有這樣的構想，是先決條件。請教了幾位董事，他們也都有心策畫推動，只是在年初的臺灣社會，全被選舉第十屆中華民國總統的政治熱潮所籠罩，除了希望選上各自理想中的總統的意念之外，類似的獎助學金的訴求，是不會受到重視的，因此就擱置下來。

直到我在美國主持四十九天的禪七之中，得到了一個靈感，想起去（一九九九）年訪問新加坡時，有一對夫婦吳一賢、黃淑玲，對我非常恭敬，也希望能夠為我做些什麼有關弘法利生的工作。他們曾經護持好幾位臺灣去的法師和其他的佛教團體，因此，我請法鼓山新加坡聯絡人周鼎華代我就近試問：能否捐助一筆較大的

作者回禮給施炳煌、吳宜燁夫婦（左一、左二）。右為主持人葉樹姍。

款項，做為一項開端的帶頭運動？很快的，就得到了黃淑玲菩薩親自回電，願意立即照辦，我也準備選定一個適當的日期，請他們到臺灣一趟，進行一項公開捐贈的儀式。

萬想不到，七月回到臺灣之後，有一對新竹科學園區凌陽科技的創辦人之一的施炳煌、吳宜燁夫婦，由新竹地區法鼓山的菩薩陪同見我。他們是桃園齋明寺的義工，願意捐出一批股票給法鼓山，我就把正在進行中的獎助學金基金會狀況向他們介紹，他們一口答應，因此選在八月十七日，借臺北市國家圖書館舉辦記者會，宣布這項好消息，題目叫作「預約人文世紀——給二十一世紀多一些人文關懷」。他們捐出該公司的股票數額，相當於市值新臺幣兩億元，這對我來講是非常意外。最初他們夫婦並不希望在媒體上曝光，經過我的勸說，認為這能夠使得時下唯利是圖的社會風氣，有所反省，並且呼籲社會大眾無論有錢沒錢，應該盡心盡力付出人文和社會的關懷，請他們拋玉引玉，自己做好事，也讓大家一起來做好事。

他們兩位的生活非常簡樸，穿著也很隨和，沒有貴人的架勢，沒有富人的傲氣，相反地，是非常地謙虛恭敬，認為他們的財富，是來自於社會，應該奉獻給社會。在捐贈儀式的台上，他們突然同時向我雙雙跪下，雙手奉上象徵兩億元的道具股票，並且虔誠地頂禮和流下了感恩社會、感恩三寶的熱淚。

透過電視媒體和報章雜誌媒體大篇幅的實況報導，的確感動了許多人。雖然因此而招致一位學者和一位可能是教外人士，在報紙的論壇上公開指責我，說聖嚴沒有為善不欲人知的道德準則；尤其在捐贈的儀式中，接受捐贈人的下跪、禮拜，不合乎民主時代人人平等的原則；佛教既然說眾生平等，像聖嚴這樣的人，怎麼喜歡要求信眾在公開儀式中下跪禮拜呢？因而認為我有喜歡受人禮拜的自大意識。當然，佛教界有人呼應，同時也有提出與此相反意見的回應，刊登在報紙上。

其實，下跪頂禮，並非預先安排的儀節，當時他們兩位下跪，我的內心也想跪下來感恩他們，然而又想到我是他們的師父，與會觀禮的來賓，也多半是法鼓山的弟子，如果我真的也下跪禮拜，可能會引起台上台下的騷動不安；結果招引知識分子和局外人士的議論，使我覺得非常慚愧。這也真如前面所說，在新聞媒體上見光率太高，引起類似的反應，也是意料中事。以後應該更加小心，特別是牽扯到這麼大的一筆捐款，對許多人來說，這是天文數字。雖然我們是為捐款人和整體的社會服務，並非我個人得到了這筆錢，但是在有些人的錯覺中，好像是我聖嚴發了一筆橫財。

至於新加坡的那對吳氏夫婦，由於把匯款的戶頭弄錯了，被退了回去，第二次匯到了新臺幣五百萬元，通知他們來參加這項典禮，由於未能配合他們的行程，沒有趕上，我除了感恩，也覺得對他們抱歉萬分。關於這項捐款的運動以及如何用款的辦法，另在《法鼓》雜誌一二九期以及在其他的報章上，都有相當詳盡的報導了。

四四、出席聯合國的宗教及精神領袖高峰會議

這是聯合國成立五十五年以來，第一次盛大召開世界宗教領袖會議。由於現任聯合國祕書長安南（Kofi A. Annan），有鑑於政治的紛爭和民族的衝突息息相關，其間宗教的力量也不可忽視，希望藉著宗教的信仰和愛的精神，來完成世界和平的目的。因為沒有一個宗教會承認他們自己所信的神是殘暴的，是希望殺人的，是願見人類毀滅的。雖有無數的教派，各有不同的信仰，但是熱愛世人的原則，應該是相同的。如果各宗教之間以及各宗教內部，都能和諧相處，敵對的政治團體和不同的國家及民族之間，所謂宿怨世仇，也會自然消弭。因此，透過一個聯合國的外圍宗教組織，國際宗教中心（Interfaith Center）的創始人巴瓦·金先生（Mr. Bawa Jain），承辦這項「千禧年世界宗教暨精神領袖和平高峰會」（The Millennium World Peace Summit of Religious and Spiritual Leaders），並且請他擔任祕書處執行長。

在一九九九年八月十二日及十二月十五日，安南分別寄出兩份親筆簽名的函件。在一九九九年十月二十八日，巴瓦．金先生給我來函正式邀請，希望在今（二〇〇〇）年的八月二十八日，我能夠出席在聯合國召開的大會。茲譯其內容如下：

（一）安南先生致巴瓦．金先生函

巴瓦．金先生：

聯合國計畫在明年八月二十八及二十九日兩天，舉辦「千禧年世界宗教暨精神領袖世界和平高峰會」，令我感覺受到極大的鼓勵。我很高興能夠出席盛會歡迎與會的宗教領袖，並且在八月二十九日第一場會議中第一位發表談話。

這一場世界上最重要的宗教及精神領袖的高峰會議，在我們進入新的紀元時，必然能夠促進世界的和平。我盼望宗教及精神領袖們，能夠為聯合國的使命奉獻，也希望大家能攜手合作，共同成就二十一世紀的和平與安全。我全力支持您。會議計畫進行中請與我保持聯絡。

一九九九年八月十二日安南敬啟

（二）巴瓦．金先生致聖嚴函

尊敬的聖嚴法師座下：

雖然世界各地的宗教和政治領袖費了很大的力量，人類這個大家庭卻仍然無法阻止恐怖的戰爭的爆發。甚至就在此刻，可怕的衝突正在威脅地球上許許多多人的生命。愈來愈多的人，意識到必須尋求新的方法來防止即將發生的暴力衝突。

聯合國為了尋求避免戰爭、確保和平和安全的方法，正著手邀請世界上最有名望的宗教與精神領袖們，參與將在明年八月二十八日，舉行的世界宗教與精神領袖高峰會議。

我謹代表此次千禧年和平高峰會議，誠懇地邀請您出席此項歷史性的盛會。並且請您在會議中，就進入下一個世紀如何獲得和平發表演說。聯合國祕書長安南先生將親自向您致函。

安南先生將在此次大會的開幕典禮中發表演說。安南先生形容此次大會為各派宗教領袖第一次在聯合國的大集會。各派宗教和聯合國一致的使命是努力促進人類狀況的改進，以及尋求全球人類和平與安全。本次會議各派宗教與精神領袖以及聯合國，將研究彼此能更加合作以達成此項目的的方法。

會議的目的有兩項：

1.各派宗教領袖為新的千禧年簽署一項和平協議書。本世紀是人類歷史上最暴戾的世紀。但是目前由於世界各地緊密的連結關係，和平的希望已大幅增進。各派宗教領袖的溝通交流已比過去多得多。彼此之間也產生了極大的共識：若要達成和平，必須結合大家的力量。種族和宗教的差異，過去一直是暴力衝突的藉口。宗教領袖在去除這種差異中扮演著非常重要的角色。世界和平協議的簽署，同時具有象徵性與實質性的重要意義，同時還具有鼓舞力量。

2.建立永久性的國際宗教與精神領袖顧問組織，以協助聯合國促進世界永久性的和平。

此次高峰會議所邀請的對象，皆是世界各派宗教最負名望的宗教及精神領袖。我們計畫將會議中的演講詞，透過CNN電子傳播網，現場轉播，使得這些希望的訊息能和世界上億萬人口分享。同時，我們也計畫將演說內容出版，在世界各地廣泛流通。有關會議的細節和議程，我們會在數週內寄給您。您的與會將是會議成功的關鍵。我們很快會再與您聯絡。

請接受我們最高的敬意

一九九九年十月二十八日巴瓦敬上

（三）安南先生致聖嚴函

尊敬的座下：

屆臨新紀元之前，我經常思考著世界宗教領袖們，如何能參與我們為世界和平所做的努力。因此，我很高興能夠參加明年八月二十八日至三十一日，將在紐約舉辦的世界宗教暨精神領袖世界和平高峰會。更高興有榮幸在這項聯合國舉辦的宗教領袖高峰會議的開幕式中致詞。

最近會議祕書處函寄了一份此項歷史性會議的正式邀請函與您。若有任何疑問，請您直接向祕書處詢問。

您的出席將對會議的成功與否影響深遠。希望能在那時見到您。

感謝您並祝福您

一九九九年十二月十五日安南敬上

寫信給我的地址，都是臺灣臺北法鼓山農禪寺，到了今年六月二十三日，這位身為印度耆那教徒的巴瓦．金先生，聽說我在紐約象岡主持禪七，所以特別跟他的助理專程開車兩小時，到紐約上州造訪，共進晚餐。

我們談了兩小時，他請教我在高峰會議中，準備講些什麼？並且希望我講得愈重愈好，否則泛泛的話等於沒有講，最好是講人家沒有講過的，而有當頭棒喝效果的。他相信只有具有高度智慧的宗教領袖才會講出這樣的話來，這也是他要特別訪問我的目的。我答應他，我會講出大家不敢講以及沒有講過的話。例如我主張：「為了世界的永久和平，如果發現你所信奉的教義，或有不能寬容其他的族群之點，或有與促進世界和平牴觸之處，都應該對這些教義，做出新的詮釋。」

另外又說：「我們正在提倡一個運動：先把神的天國和佛的淨土，建設在人間，我們若能努力於人間天國或人間淨土的建設工程，不論於何時死亡，必定能夠蒙受神的恩典及佛的接引。」

同時我也主張，如何遠離各種原因的戰爭，是在於解決人的精神和心的貧窮問題。我希望指出一個事實：「物質的貧窮，使人的生命受到威脅；精神及心的貧窮，使人的生活環境失去平安和幸福。因此，我們的團體法鼓山，正在推行一項運動，名為『心靈環保』，從每一個人的心靈淨化做起，使得每一個人的內心，充滿了對於生命的感恩和慈悲，就會將努力的成果奉獻給他人。」

巴瓦．金聽了之後，覺得這三點正是他們所需要的，尤其對心靈環保，他很有興趣。他說在一篇演說中，如果焦點太多，會沖淡重點的分量，所以建議我另外發表一篇關於心靈環保的演說。也就是因為如此，在八月二十九日開幕典禮第一次的主題演說，我是佛教領袖中的第一人；然後八月三十一日在華爾道夫飯店大禮堂，又擔任環保組的演說人之一。

這一場盛會籌備了一年多，去年夏天，美國的新聞媒體就有了相關的報導，說這是空前的高峰大會。我雖然是在臺灣接到邀請函，主辦單位則希望我以美國的身分出席。

我之所以受到大會的重視，除了演講內容有新意，也因為我既有文學博士學位又是國際知名的禪師；我有十來種英文著作，並被譯成十多種語文，在歐美各國出版；我曾參與幾種英文禪學及佛學論集的寫作，例如一九八八年 Grove Press 出

作者在聯合國發表演說。

版的 *Zen: Tradition and Transition*，特別是一九九九年 Wisdom Publications 出版的 *Buddhist Peacework* 中就有我的文章，目的就是寫給聯合國參考的；我在美國有兩個道場及兩份英文刊物，讀者遍布全球，還有一個近百萬人的法鼓山團體做為背景。也許還有一個條件，一九九八年，我在紐約和達賴喇嘛舉行過一場世紀性的漢藏佛教公開對談，於當今世界佛教領袖之中，有這項紀錄的不多。不過我並不具有代表的身分，也不是任何國家地區選派的。會場中有一位記者問我，是代表臺灣還是代表中國？是代表漢傳佛教還是代表整個佛教？我說：「主辦單位邀請的是我個人，所以也只能代表我個人，我沒有經過那個國家或教團的選拔，當然不能代表誰了。」

四五、接受安南的午宴招待

這次我出席會議，一共帶了四位隨從，那就是東初禪寺的住持果元師，象岡道場的凱洛琳·漢生（Carolyn Hansen），擔任翻譯的李世娟，從法鼓山基金會派出的文宣攝影胡嵐陵。

在我向大會祕書處報到時，收到了三張宴會的邀請卡，分別是：1.二十九日中午，接受聯合國祕書長安南的午宴招待；2.二十九日晚上，由華納公司的總裁泰德·透納博士（Dr. Ted Turner）邀請的一個小型圓桌晚餐；3.三十日早上，史蒂芬·洛克菲勒邀請的一個小型圓桌早餐。

關於出席安南的這場午宴，滿有意思的。我們五人本來只有我被邀請，由於我們四十多位重要宗教領袖和安南合影之後，一起從攝影的場合前往餐廳電梯時，我和安南走在一起，我的幾位隨從也跟著我上了電梯，並未受到阻止，就一起接受了祕書長的招待。

因為我們一行有五人，就坐上一張空桌，接著，大陸團的宗教代表進入餐廳，發現每桌都已坐滿，只有我們這一桌還有幾個空位，所以我主動招呼他們與我們同桌。他們是中國天主教愛國會主席傅鐵山、中國基督教協會會長韓文藻、中國道教協會會長閔智學、中國伊斯蘭教協會會長陳廣元，加上一位翻譯人員，也有五人。我們在席間談得非常愉快，因為都講中國話，也都只談論宗教。

四六、會議期間的餐會邀宴

另外泰德．透納的晚宴只有四桌，受邀的有三十多位。佛教的代表占了三位，除了我，還有印度籍的葛印卡（S. N. Goenka），他是緬甸內觀禪的領袖，以及西藏流亡在印度的止貢法王，他是白教的另一派，跟大寶法王是同一系統，分屬兩個宗派，這一次他是代表達賴喇嘛到大會祝福。這樣小型的宴會，目的是讓大會經費的主要贊助人，透納博士來對世界宗教領袖表示歡迎致敬之意。

至於早餐，由於史蒂芬．洛克菲勒正在負責著「地球憲章」運動，而我有一篇關於心靈環保的演說，所以就被邀請出席。看了今（二〇〇〇）年才通過的地球憲章內容，幾乎跟法鼓山的理念完全相應：生活環境和自然環境的保護，應該從人的關懷做起。所以經常在世界各國舉辦學術會議，希望影響世界各國的政治家、工商界，都能夠重視二十一世紀地球環境的改善。

還有兩餐是臨時被邀請的，那是三十日中午，接受韓國一個叫作丹學

（Dahnhak）的創始人李承憲先生招待豐盛的午餐，聽說他在全世界已有數百萬的會員，他們能夠為人治病，以及開發精神的生活，同時也提倡世界和平及人類的覺醒。另外一餐是在三十日晚上，由哈佛大學杜維明教授演講的餐會。那一天正好是他六十歲的生日，所以有一個叫作湯瑪士．貝瑞基金會（Thomas Berry Foundation）的團體，為他祝賀，頒發他一個獎項，在那兒也見到了杜教授的夫人和孩子們。

由於這場演講餐會，杜教授為我介紹認識了次日主持環保小組的瓊納蓀．拉喜教授（Jonathan Lash），商談了關於第二天上午，在環保小組發表會中，確定拜託和我同台發言的杜教授擔任我臨時的英語翻譯。因為我預先準備的演講稿，字數較多，必須重新組織濃縮之後，才能在規定的五至七分鐘之內講完，而臨時又找不到同步翻譯的人，所以提綱挈領的將重點講出，請杜教授立即用英語向與會人士介紹。而杜教授正好也是這一次大會宣言的起草人之一，那個起草小組，都是由哈佛大學人文社會宗教相關的五位頂尖學者所組成，另外四位是：David Little、Diana Eck、J. Bryan Hehir、Abdul Llahi Naim，由此可見杜教授在今日國際上的學術地位，是非常崇高的。我在他的演講餐會及受獎儀式中看到，除了我們幾位東方人之

作者與止貢法王合影。

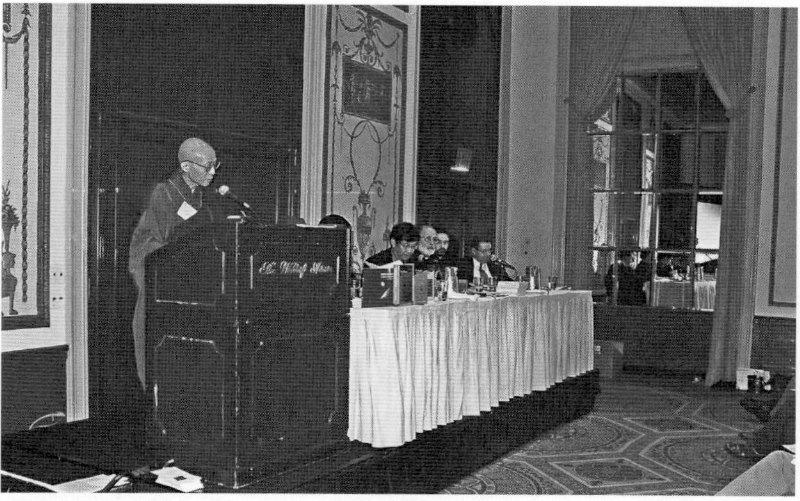

作者發表佛教環保演講，由杜維明教授翻譯。

外，其他約兩、三百位與會者都是西方學術界人士，我被視為杜教授的朋友接受邀宴，也分享了他的光榮。

四七、列名卓越的世界宗教及精神領袖名單

這一次高峰會議的第一天，也就是八月二十八日的下午，是正式在聯合國的大會堂舉行的開幕典禮。除了執行長巴瓦．金致開幕詞之外，還有各宗教領袖的祈禱詞，及宗教團體代表的讚頌歌，一共有三十五個團體和個人。宗教氣氛非常濃厚，讓與會者分享到各宗教對於世界和平的希望和祈禱的心願。例如中國道教代表閔智學、韓國天台宗代表、西藏佛教代表、日本佛教代表等，都是各派的大宗教師和各國代表性的宗教團體。

二十九日，也是在聯合國大會堂，進行了一整天的全體大會，主要是各宗教領袖的演說，中間也穿插各宗教的祈禱。一共分為四個場次，每一個場次都有十至十五人的演說者及祈禱者，每人的時間為五至七分鐘，其中也有以團體的數人乃至十數人一起上台祈禱的。我是在第一場次中擔任主題演說。

這次站上聯合國大會堂發言台的七位佛教領袖中，五位是演說者，兩位是祈禱

與會的世界宗教領袖合影。

者。五位演說者中，除我之外，另外四位是日本天台宗的渡邊先生、柬埔寨上座部的瑪哈．哥沙納達（Maha Ghosananda）、西藏佛教的止貢仁波切（Drikung Chetsang Rinpoche）、斯里蘭卡上座部的大長老索必達（Mahathero Sobita）。兩位祈禱者，一位是來自臺灣的心道法師，他是靈鷲山無生道場的創始人，出生在緬甸，祖籍雲南，現在是臺灣興起的五大佛教團體之一，在大會議程手冊裡沒有他的名字，不知什麼原因而被遺漏了；另一位祈禱者是印度籍緬甸系統的葛印卡居士，傳承於緬甸一位老居士烏巴慶所推廣的內觀禪，以十日禪聞名於世，曾和我有數面之緣，目前在印度的南方，有一個很大的中心，而他的禪風已經推廣到臺灣及歐美各國，共有七十多個分支道場。

從以上這個名單來看，演說者和祈禱者的選擇，有它一定的標準和原因，但是在會場中，並不能夠看出有什麼不同，祈禱者著重在讚頌和對佛菩薩的祈禱，演說者則帶有觀念性和建議性的內容。不過能夠被邀請站上聯合國大會堂的發言台，不論是演說者也好、祈禱者也好，都具有一定的身分和立場。

主辦單位提供有一份名單，叫作「千禧年世界和平高峰會卓越的世界宗教與精神領袖們」（Millennium World Peace Summit Pre-eminent World Religious and Spiritual Leaders），共有五十三人，包括全世界的各種傳統宗教。它的英文名單附錄如下。（名單見以下四頁）

我被列名第九位，還是佛教領袖的第一位。至於其他的佛教領袖，日本兩位，韓國兩位，其他分屬於泰國、斯里蘭卡、美國、柬埔寨、印度、緬甸，因為我是被列入美國項下，所以臺灣和大陸的佛教徒，在這份卓越的世界宗教領袖的名單上是看不到的。不過，另外大會提供了一份出席會議的宗教領袖名冊，共有二十七頁，列出一百二十二位世界各宗教領袖的簡歷，我和心道法師在這份名冊中，都標明是來自臺灣。

1.The Most Reverend Njongonkulu Ndungane, Archbishop of Capetown (Christianity, South Africa)
2.His Eminence Francis Cardinal Arinze, President, Pontifical Council on Interreligious Dialogue, The Vatican (Christianity, Italy)
3.His Excellency Abdullah al-Obaid, Secretary-General, World Muslim League (Islam, Saudi Arabia)
4.Chief Rabbi Israel Meir Lau, Ashkenazi Chief Rabbi of Israel (Judaism, Israel)
5.The Most Reverend Kuni Kuniaki, The Jingu Daiguji (High Priest) of the Grand Shine at Ise (Shinto, Japan)
6.His Eminence Ayatollah Abdollah Vaeze Javadi (Islam, Iran)
7.The Reverend Dr. Konrad Raiser, General Secretary, World Council of Churches (Christianity, Switzerland)
8.The Honorable Dr. L. M. Singhvi, India's High Commission (Jainism, India)
9.The Most Venerable Master Sheng Yen, The Dharma Drum Monastery (Ch'an Buddhist, USA)
10.His Divine Holiness Pramukh Swami Ji Maharaj, Spiritual Leader and Head of the Bochasanwasi Akshar Purushottam Swaminarayan Sanstha (BAPS) (Hinduism, India)
11.His Excellency Sheikh Ahmad Kuftaro, Grand Mufti of Syria (Islam, Syria)
12.The Most Venerable Eshin Watanabe, Patriarch of Tendai Buddhism (Buddhism, Japan)
13.Sri Sri Mata Amritanandamayi Devi, Hindu Spiritual

Leader (Hinduism, India)
14.Rabbi Adin Steinsaltz, Talmudic Scholar (Judaism, Israel)
15.S. N. Goenka, Buddhist (Buddhism, India)
16.His Holiness Swami Dayananda Saraswati, Sanskrit and Vedanta Scholar (Hinduism, India)
17.Chief Rabbi Johnathan Sacks, Chief Rabbi of England (Judaism, United Kingdom)
18.Venerable Samdech Preah Maha Ghosananda, Supreme Patriarch of Cambodian Buddhism (Buddhism, Cambodia)
19.Dr. Albert Lincoln, Secretary-General, The Bahai (Bahai, Israel)
20.His Holiness Jatehdar Joginder Singh, Jatehdar Akal Takht, The Golden Temple (Sikhism, India)
21.His Holiness Karekin II, Catholicos of the Armenian Church (Christianity, Armenia)
22.Imam W. D. Mohammed, Leader, Muslim American Society (Islam, India)
23.Bishop Fu Tieshen, Vice Chairman, Chinese Catholic Conference (Christianity, China)
24.Chief Oren Lyons, Faithkeeper of the Onondaga Nation (Indigenous, USA)
25.Jehangir Oshidari, Zoroastrian High Priest (Zoroastrian, Iran)
26.Metropolitan Pitirim, The Russian Orthodox Church (Christianity, Russia)
27.The Venerable Mahathero Sobita, The Sri Bodhiraja

Foundation (Buddhism, Sri Lanka)

28. His Holiness Dada J. P. Vaswani, Sadhu Vaswani Mission (Hinduism, India)
29. His Holiness Somdet Phra Phutthakhosachan (Buddhism, Thailand)
30. Her Holiness Acharya Chandanaji, Founder of the Veerayatan Institution (Jainism, India)
31. Dastur Dr. Firoze Kotwal, High Priest of Zoroastrianism (Zoroastrianism, India)
32. The Venerable Bhaddanta Kumara, Myanmar (Buddhism, Myanmar)
33. Sri Sri Ravi Shankar, Art of Living Foundation (Hinduism, India)
34. Mr. Min Zhiting, Chairman of the China Taoist Association (Taoism, China)
35. Ms. Audrey Shenandoah, Clan Mother, Onondaga Nation (Indigenous, Native American)
36. His Holiness Jatehdar Manjit Singh, Jatehdar Anandpur Sahib (Sikhism, India)
37. Her Holiness Dadi Janki, Head of the Brahma Kumaris World Spiritual University (Brahma Kumaris, United Kingdom)
38. Reverend Joseph Mar Iraneous, Mar Thoma Church (Chirstianity, USA)
39. His Holiness Drikung Kyabgon Chetsang (Buddhism, USA)
40. Reverend Bishop Vashti McKenzie, African Methodist Episcopal Church (Christianity, USA)

41.Reverend Wol Joo Song (Buddhism, Korea)
42.Bishop Isaias Gutierrez (Christianity, Chile)
43.His Holiness Abune Paulos, Patriarch of Ethiopia (Christianity, Ethiopia)
44.His Holiness Abune Filipos, Patriarch of Eritrea (Christianity, Eritrea)
45.Venerable Un Deok Jeon, Chontae Order, South Korea (Buddhism, Korea)
46.Wenzao Han (Christianity, China)
47.The Reverend Nichiko Niwano, President, Rissho Kosei Kai (Buddhism, Japan)
48.Wande Abimbola (Indigenous African, USA)
49.Dr. Seung-Heun Lee, Founder of Dahnhak (Traditional Korean, Korea)
50.His Holiness Satguru Jagjit Singh Ji Maharaj (Namdhar Sikhism, India)
51.Sant Rajinder Singh, Spiritual Head, Sawan Kirpal Ruhani Mission.
52.Dr. Mustafa Ceric, The Grand Mufti of Bosnia (Islam, Bosnia)
53.Zachariah, Nicholovos, Eminence, Archbishop (Christianity, USA)

四八、臺灣和大陸的佛教代表們

在會場中我也遇到了美國佛教會會長明光法師，以及佛光山的依法法師。明光法師是中華民國的國大代表，可算一半身分是屬於臺灣，他雖沒有被邀請為演講人和祈禱者，但是在八月二十八日上午，也跟我相同，接受了華納電視公司特別節目的錄影，將在華納系統影視節目中向全世界播出；同時，我也在《紐約時報》（*The New York Times*），看到一則附有照片的新聞報導，那是明光法師在聯合國大會堂前，被新聞記者捕捉到他與會的鏡頭。

至於依法法師，是具有耶魯大學博士學位的比丘尼，代表他的師父星雲法師出席大會。他們兩位都比我年輕，語文能力則都比我強得太多，故在許多場合，都可看到他們。

與會的大陸代表團，道教和天主教的領袖，都在聯合國大會堂有祈禱詞。在華爾道夫飯店舉行的閉幕典禮上，也有臺灣的心道法師及大陸的聖輝法師擔任祈禱

大陸道教代表孟志亭、天主教代表、作者及聖輝法師。

者，可見心道法師在這次聯合國大會上，也是非常受到重視的宗教領袖之一。

至於大陸的聖輝法師，是中國代表團中的兩位佛教代表之一，他是全國政協常委、中國佛教協會副會長，也是湖南省及福建省佛教協會會長，又是廈門南普陀寺的住持，以及該寺慈善基金會的會長。八月二十八日下午，在聯合國世界宗教領袖會議的等待室裡，準備進入會場之前，他跟止貢法王一樣，一眼就認出了我，同時向他們代表團的各宗教領袖，為我做了介紹，他的氣度相當恢宏，相信他對當代的中國佛教，必定有舉足輕重的影響。

另外一位是中國佛教協會的副會長嘉木樣・洛桑久美・圖丹卻吉尼瑪，在會場沒有遇到。

四九、高峰會中的高峰會

八月三十日那一天，會場移到華爾道夫飯店的大禮堂。在會議手冊上並沒有我的節目，可是一整天也相當忙碌。

首先，我被大會祕書處的接待人員請出會場，引至一個祕密會議室，說是為了討論巴瓦・金先生在給我們的邀請函中所提建議：「建立永久性的國際宗教與精神領袖顧問組織，以協助聯合國促進世界永久性的和平。」因此希望我也能擔任這個顧問組織的顧問，要我參加籌備會。一共邀請了十多位各宗教的傑出領袖，我是唯一的佛教徒。

這個籌備小組會被形容為高峰會中的高峰會，其實這項會議的成員，並不一定都是有龐大宗教團體為背景的領袖，而是對於國際宗教界具有影響力的人士。以巴瓦・金為召集人，出席的除我而外，有前美國駐聯合國大使凱希爾（Harry Cahill）、里約熱內盧的地球環境高峰會發起人墨利斯・史壯（Maurice

Strong）、倫敦默斯林學院校長查吉・巴達烏（Dr. M. A. Zaki Badawi）、印度的國會資深領袖卡蘭・辛（Karan Singh）、日本神道教的黑住宗道（Rev. Munemichi Kurozumi）、天主教的名傳教士麥士米蘭・米茲（Father Maximillian Mizzi）、美國聯合國協會總裁比爾・路瑞斯（Bill Lewis），還有天主教羅馬教廷的樞機主教安霖澤（Cardinal Arinze）、伊斯蘭教國際組織會長哈米・孟・阿瑪（Dr. Hamid Bin Ahmad Al-Rifaie）、《印度時報》（*The Times of India*）集團發行人印杜・金（Indu Jain）、聯合國國際健康組織協調主席鍾・阿士姆（John C. Osborne）、哈佛大學教授拉理・蘇里曼（Larry Sullivan）、印度最高法院辛慧（Dr. L. M. Singhvi）等十四位。

這個會議，是在討論：如何組成這個顧問組織？哪一些人可以勝任顧問工作？如何執行聯合國交辦的宗教事務的顧問工作？後來大家的焦點放在梵蒂岡能否允許這樣的組織上，因為羅馬教廷就有一個世界宗教顧問會的組織，也在擔任著聯合國的諮詢工作，如果兩個會的名稱和任務相同，梵蒂岡是不會贊成的。那麼究竟是要用什麼樣的名義，來組成另一個機構，大家討論得相當地熱烈，但又得不到可行的答案。上午開會並無結論，下午繼續開會，也沒有結論。有人主張三十一日上午還

作者參加高峰會中的高峰會（作者為右排第一位）。

要開會。

在宣布散會之前，我提出了幾句簡單的建言說：「我們討論的組織和定位，應該不是朝向設立一個權力機構去思考，而是一個服務的組織，它的成員可以因應個別的案件和狀況來邀請適合的人員擔任，它的基本條件不是一定要有龐大的宗教團體為背景，主要是能夠為那個特定的項目或事件，提供方法來協助聯合國解決問題。也就是說，邀請具有智慧、慈悲和方法經驗的人，來擔任個案的顧問，那才能夠順利地為世界解決各族群之間的紛爭。」

當我提出這樣的建言之後，使得大家耳目一新，起立鼓掌，認為他們的最後結論已經有了，明天的會議不必開了。至於如何找到適當的人擔任顧問，來協助聯合國祕書長安南，那就要委託這次大會的執行長巴瓦．金去物色了，因為只有他認識世界宗教的所有領袖。散會之後，巴瓦．金特別感謝我的建言，然後請我加持祝福，讓他能夠順利完成這項艱鉅的任務。

這項小型會議的召集，原始的目的是為了討論：如何在這三天的和平高峰會議之後，落實大會一共十條的和平宣言，題目是「寬容與棄絕暴力的承諾」。否則這場大會，只有討論而沒有辦法，只有想法而沒有行動，雖然大家都在宣言書的背後簽上了名字，如何實踐這十條宣言，則還沒有具體的辦法。不過也不等於完全無用，至少大家都看到了這份稱為協議書的宣言，算是有了共識，至於要求每一個人都能做到，當然還有漫長的路要走。

五〇、我對消弭飢餓與貧困的建議

八月三十日下午，我參與了高峰會中的高峰會之後，立即在我的房間接見了世界銀行的副總裁凱撒琳．瑪沙（Katherine Marshall）和她的一位朋友，她們請教我有關救濟貧窮國家的意見，希望聽聽我的想法。因為世界銀行對第三世界投注的心力物力已經很多，但都是頭痛醫頭，腳痛醫腳，沒有辦法做到一勞永逸的，長期和穩定的，把貧窮的國家從飢餓貧窮與戰爭中拯救出來。光是用物質的救濟，永遠無法解決根本的問題，所以希望透過世界各國當地既有的宗教，來產生根本性的救濟功能，但是到目前為止，還沒有找到一個著力點的下手處。而在這次八月三十日那天，華爾道夫飯店分組討論的第三組，就是專題討論：如何用宗教的力量來解決世界的貧窮與飢餓問題。他們聽了這一組一整天的高談闊論，卻沒有得到比較具體而可以著手來做的方法。

我說世界各國不論是已開發和未開發的地區和民族，除了少數極端的唯物論者，都應該有各自的宗教信仰。今天世界六十多億人口中的百分之八十以上，都有各自的宗教信仰，每一個宗教都不會否認他們所信的神或崇拜的什麼對象，是有愛心的。今天要幫助那些貧窮飢餓地區，不是要派傳教士去介紹和傳播別的一種宗教信仰給他們，只要協助他們認識和發揮他們所信宗教的愛心，愛自己也愛敵人。在愛心之中是不會有敵人的，自己的族群要求生存，也應體諒其他的族群同樣也要求生存。如此努力下去，就可以減少並解除不同種族、不同國家、不同宗教之間的衝突，免於相互殘殺。因為戰爭是造成貧窮、飢餓的最大原因，唯有大家和平相處，才能走出戰爭的魔障；也唯有大家和平相處，方能共同協力，從事於生產技術的成長和居住環境的改善。

至於由誰去做這些工作？就要請世界銀行來號召和選擇合作度較高的宗教組織，以及訓練大批有愛心的義工人員，給予適當的課程之後，選定較為開放但還相當貧窮的國家地區，試著實施。把這種地區的人，從飢餓貧窮中救濟出來之後，做為一種範例，再來普遍地推廣至各個貧窮地區，就會有更多的宗教團體以及更多具有愛心的義工人員來參與合作了。

總而言之，心靈的貧困會帶給人類毀滅性的災難，遠比物質的貧窮，具有更為嚴重的威脅，如果觀念和信仰的問題不能解決，貧困地區永遠是貧困的；因為大家都沒有安全感，所以由防衛性的措施，演變成攻擊性的戰爭，而戰爭便使人類淪於飢餓貧窮；周而復始，永無了期！唯有從宗教觀念中提昇愛的精神，才能得到真正的安全感，才能發展為人類的全面和平。

同時我舉出我童年時代的例子，由於日本軍閥侵略中國，使得我們的家族一貧如洗，今天不知道明天的食物在哪裡？但是由於我的父母樂天知命，不但沒有怨恨，而且還能夠跟鄰居之間互相的幫助，所以物質的貧窮並不是那麼的可怕。只要心中有愛，就能感受到安全和希望。我又補充了一句：像這樣的工作，需要很大的耐心，當作長遠的打算。

我的這一席話，使得那兩位女士非常地歡喜，也得到了相當大的鼓勵和希望。臨走時，還對我說，希望再有機會向我請教。

五一、陳水扁總統的約見

我出席聯合國宗教領袖和平大會的消息，在臺灣的各大新聞媒體以及全球性的華文新聞媒體的報導中，都占了很大的篇幅，甚至登上了頭版新聞。尤其是法新社記者，替我在現場攝影的那幾張照片，非常搶眼，因為那是我站在聯合國大會堂的發言台上。另外還有香港傳訊電視公司，為我做的個人採訪以及我演講的現場錄影，在臺灣各家的電視台的新聞時間中，都連續重複地播出。我們臺灣的中國人自從退出聯合國以來，這樣的鏡頭，已經快三十年未見了。

這些消息，讓中華民國的總統陳水扁先生非常重視。當時他也正在非洲訪問，可能是從媒體上見到了這項消息。因為我呼籲世界各國宗教領袖，要包容其他的族群，尊重他人的看法和想法；特別是我說到，如果會牴觸世界和平，我們就應該對自己的教義，加以新的詮釋。所以他人還在國外，就已囑咐總統府的幕僚，向農禪寺電話聯絡，希望在他回國之後，來農禪寺看我。我的機要祕書果光師，立即代我回應說，因為總統日程繁忙，應該由我配合總統的時間，至總統府晉見。就這樣確定之後，我於九月十四日上午九點，率領法鼓山的執事果品、果廣、果光、果毅，我的特別助理許仁壽，基金會公關文宣室主任祁止戈，到總統府做了四十分鐘的交談。

因為去（一九九九）年的九二一大地震，已將屆滿一週年，法鼓山對於災後人心重建的工程，做的還算有點成績，所以陳總統希望我向他提出建言。我說今天臺灣的人心，缺少危機意識，人心的不安是缺少應變的心理準備，因為臺灣這個地方雖稱為寶島，可是風災、水災、地震等的天然災害，皆非人力所能預料和阻止的。唯有時時提高危機意識的無常觀，才能夠居安思危、臨危不亂、轉危為安，如果大家都能夠用我所提倡的四句話：「面對它，接受它，處理它，放下它。」才能夠真正從內心做起，不會臨事慌亂而怨天尤人，從政府到民間的每一個人，都應該做好這樣的心理建設。

同時，由於陳水扁總統在五月二十日就職之後，全民對於他的期待非常地殷切。他在當選之後拜訪的第一位宗教師是我聖嚴，所以我也聽到許多人向我建議，要我向陳總統進言。其實，以我一介老僧，是不宜多什麼嘴的，如今既蒙約見，除了口頭報告之外，還以簡短的書面，給他做了幾點野人獻曝式的勸勉。

五二、國會及國家給我的兩項榮譽

我到聯合國一趟，衍生的另一項榮譽，是將我的演講詞，被中華民國立法院列為一件重要的文獻紀錄。是由立法委員丁守中先生發起，徵得國會各黨派一共七十三位立委的共同連署提案，於十月二十日正式通過。多年來立法委員們經常有吵架甚至有肢體衝突的新聞報導，形象並不很好，但是他們也非常用心盡責地為國家建立法制，監督制衡行政部門。以我一介平凡僧侶的言論，突破歷史先例，能夠受到總統的重視，又被列入國會的重要文獻紀錄，並不是我有什麼能耐，實在由於佛法的內容，能讓我左右逢源，說出與一般人不同的觀點。佛說普通人的私心我執太重，對於任何事物的價值判斷，往往都是秉持著偏頗見和顛倒見，所以把世間的問題，演變得治絲愈紊，治事愈亂，治心愈煩。我只是依循佛法的正見，導正了一般人的觀念而已。以此可見，如果大家都來虛心採用佛法的正見，而不剛愎自用地堅持偏見和倒見，我們的世界就會天下太平了。

這次我在美國忙碌之間，又從好多朋友及弟子的口頭及函電中，獲得另一項訊息。據十月三十一日臺灣《民生報》的報導，說我得到行政院本年度的「國家文化獎」。除我之外，尚有三人：1.今年一百零一歲的布袋戲大師黃海岱，2.古籍校勘專家國學大師王叔岷教授，3.鄉土耆宿作家葉石濤先生。預定將於十二月十八日在臺北國家圖書館舉行頒獎儀式。我得這個獎項，是由政治大學校長鄭丁旺博士推薦，法鼓大學校長曾濟群博士為我提供資料，比丘尼弟子果徹為我撰寫事略。

我自一九九〇年獲頒中華民國好人好事八德獎以來，已經陸續得到臺北市榮譽市民獎、中山文藝獎、新聞局圖書金鼎獎、吳尊賢基金會全國愛心獎、行政院社會運動領袖和風獎、行政院新聞局社會建設獎（《大法鼓》電視節目）、第一屆國際傑人獎（宗教教育）、第一屆國家公益獎。如今年事過了七十，自知也沒有什麼學問，又不是文化界人，若非兩位校長的勸促，我已沒有想要再得什麼獎了。尤其值此國家社會災難連連、政局不穩、人心浮動之際，自覺貢獻乏力、影響不足、智慧太少，實在未能為當今的時弊幫上多少忙，竟然又得第十個獎，除了深感慚愧，並無喜字可言。

不過，站在佛教徒立場而言，一個老僧也能得到國家文化獎，此為整體僧眾的社會形象及文化地位的提昇，應該有其正面的意義，故當對此得獎因緣，萬分感謝。我會將此所得的獎金，全數用於文化活動，也將用我垂老衰病的風燭殘年，繼續致力於我應做而能做的工作。

自從七月以來，連續進榮民總醫院做了幾次全身檢查，有些疑點，醫師不放心，囑我到了美國再做追蹤檢查。因此這一陣子，常和醫生結緣，除看中醫，也做了全身斷層掃描，又以全身麻醉來徹底檢查大腸狀況。在老病相侵中，縱然攀登了人生旅途的多少高峰，除了無常和苦的過程，除了無我與空的事實，還有什麼呢！

寰遊自傳 12

抱疾遊高峰

Ascending the Summit

著者	聖嚴法師
出版	法鼓文化
總監	釋果賢
總編輯	陳重光
編輯	李金瑛
封面設計	邱淑芳
內頁美編	小工
地址	臺北市北投區公館路186號5樓
電話	(02)2893-4646
傳真	(02)2896-0731
網址	http://www.ddc.com.tw
E-mail	market@ddc.com.tw
讀者服務專線	(02)2896-1600
初版一刷	2001年6月
三版一刷	2018年9月
建議售價	新臺幣280元
郵撥帳號	50013371
戶名	財團法人法鼓山文教基金會—法鼓文化
北美經銷處	紐約東初禪寺 Chan Meditation Center (New York, USA) Tel: (718)592-6593 Fax: (718)592-0717

法鼓文化

國家圖書館出版品預行編目資料

抱疾遊高峰 / 聖嚴法師著. -- 三版. -- 臺北市 : 法鼓文化, 2018. 09

面； 公分

ISBN 978-957-598-790-9 (平裝)

1.佛教 2.文集

220.7　　107012563